Josef Franz Maria Partsch

Die Darstellung Europas in dem geographischen Werke des

Agrippa

Josef Franz Maria Partsch

Die Darstellung Europas in dem geographischen Werke des Agrippa

ISBN/EAN: 9783743689039

Hergestellt in Europa, USA, Kanada, Australien, Japan

Cover: Foto ©ninafisch / pixelio.de

Weitere Bücher finden Sie auf **www.hansebooks.com**

Josef Franz Maria Partsch

Die Darstellung Europas in dem geographischen Werke des Agrippa

ISBN/EAN: 9783743689039

Hergestellt in Europa, USA, Kanada, Australien, Japan

Cover: Foto ©ninafisch / pixelio.de

Weitere Bücher finden Sie auf **www.hansebooks.com**

Die Darstellung Europa's

in dem

geographischen Werke des Agrippa.

Ein Beitrag zur Geschichte der Erdkunde

behufs der Habilitation

als Privat-Docent der Geographie und der alten Geschichte

der

Hochlöblichen Philosophischen Facultät der Königl. Universität zu Breslau

vorgelegt

und am 28. October 1875, 12 Uhr Mittags

in dem

Musiksaale der Universität

öffentlich vertheidigt

von

Joseph Partsch

Dr. phil.

OPPONENTEN:

Dr. **Winter**, ord. Lehrer am Gymn. zu St. Maria Magdalena.
Dr. **Mittelhaus**.
Dr. **Lehmann**, ord. Lehrer am Königl. Friedrichs-Gymn.

Druck von W. G. Korn in Breslau.

Meinen Eltern

gewidmet.

lage geschaffen für ein eingehenderes Studium der Agrippa - Fragmente im Zusammenhange, für eine Entscheidung der schon längst in sehr verschiedenem Sinne beantworteten Fragen über die Quellen, die Methode, den Werth der geographischen Arbeiten des Agrippa. Müllenhoff war der einzige, welcher seitdem diese Fragen ihrer Lösung näher zu bringen sich bemühte.[4] Aber grade seine Versuche, durch kühne von Willkür keineswegs ganz freie Behandlung einzelner weniger Fragmente zu raschen Schlüssen über die Grundlage und das Verdienst des gesammten Agrippa'schen Werkes zu gelangen, beweisen recht deutlich die Nothwendigkeit, durch die genaue Untersuchung einer grösseren Partie der in ihren Grundlinien recht sicher, wenn auch trümmerhaft überlieferten Commentarien dieses Ziel zu erreichen, an welchem man bei allzu hastigem Vorwärtsstürmen leicht vorübereilt. Das ist die Aufgabe, welche ich in den vorliegenden Studien über die Darstellung Europa's in dem geographischen Werke des Agrippa zu lösen versucht habe.

Die statistischen Mittheilungen des Plinius über die Zahl der Colonien, Municipien, freien und unterthänigen Städte in den einzelnen Provinzen habe ich, wiewohl sie fast ausnahmslos mit Sicherheit auf Agrippa zurückzuführen sind, in dieser Abhandlung ganz unberührt gelassen, da sie nicht sowohl für die Geschichte der Erdkunde als für die Kenntniss der römischen Provinzial-Verwaltung interessant sind.

Quellen.

Die einzigen mit ganz unzweideutiger Signatur, unter dem Namen Agrippa's, uns überlieferten Fragmente seiner Commentarien finden wir in der Naturgeschichte des Plinius. Ausser einer ethnographischen Notiz über Baetica (II, 3, 8) enthalten diese Stellen sämmtlich:

1. Angaben über die Grenzen, den Umfang, die Länge und Breite

---

[4] Ganz ohne selbständigen Werth sind die Bemerkungen bei Motte. Etude sur Agrippa. Paris. 1872. pag. 155—168.

a. von Erdtheilen, Ländern und Inseln III, 3, 16. 5, 37.
14, 86. 29, 150. IV, 25, 81. 26, 91. 28, 98. 30, 102.
31, 105. 35, 118. V, 6, 40. 28, 102. VI, 15, 37. 21, 57.
31, 137. 35, 196. 38, 209.
b. von Meeren IV, 24, 77. VI, 15, 37. 33, 164. 38, 207.
2. Entfernungsangaben
a. zu Lande V, 12, 65.
b. zur See IV, 20, 60, namentlich Küstenlängen III, 15. 96.
IV, 18, 45. 24, 78. 26, 83. 31, 105. V, 1, 9. VI, 1, 3. 15, 39.

Besonders die Daten für die Dimensionen der Länder nach Länge und Breite kehren so stereotyp formulirt unter Agrippa's Namen wieder und sind für sein Werk so charakteristisch, dass es nicht zu gewagt sein dürfte, alle derartigen Angaben des Plinius, bei denen nicht besondere Gründe für eine andre Herkunft sprechen, selbst wenn Agrippa nicht ausdrücklich als Quelle genannt ist, auf dessen Werk zurückzuführen.

Diese Vermuthung findet eine keineswegs verächtliche Stütze an der von Schelstrate (Antiq. eccles. II. S. 525—527) und Angelo Mai (Classici auctores III. S. 410—415) herausgegebenen Dimensuratio provinciarum, welche in knapper, streng schematisirter Darstellung für die einzelnen Länder der alten Welt die Grenzen und die Ausdehnung nach Länge und Breite angiebt.[5] Die einzelnen ohne Verbindung an einander gereihten Abschnitte sind so einheitlich angelegt und fügen sich so genau zu einem Ganzen zusammen, dass man es dieser kleinen Schrift, auch wenn sie nicht selbst am Schluss den Titel Epitome für sich in Anspruch nähme, leicht ansehen würde, dass sie nicht ein buntscheckig aus verschiedenen Werken zusammengeflicktes Machwerk ist, sondern der Auszug einer Erdbeschreibung, welche nach einem festen Plane gearbeitet und aus einem Guss hervorgegangen war. Die Frage nach dem Autor des Werkes, welches dem Verfasser dieser Epitome vorlag, konnte nicht lange unbeantwortet bleiben, sobald man auf die Verwandtschaft derselben mit den durch Pli-

---

[5] Leider sind von den 11 Handschriften, welche Carl Pertz de cosmographia Ethici p. 27 kennt, bisher nur 2 Vaticani für die Herstellung des Textes verwerthet worden.

nius erhaltenen Angaben Agrippa's über die Dimensionen der Länder aufmerksam wurde.[6]) Um die Art der Uebereinstimmung zwischen Agrippa und der Dimensuratio in das rechte Licht zu bringen, wähle ich einige besonders augenfällige Beispiele aus.

Plin. n. h. VI, 31, 137. Is (Agrippa) Mediam et Parthiam et Persidem ab oriente Indo, ab occidente Tigri, a septentrione Tauro, Caucaso, a meridie rubro mari terminatas patere in longitudinem $\overline{XIII}$ XX m. p., in latitudinem DCCCXL prodidit; praeterea per se Mesopotamiam ab oriente Tigri, ab occasu Euphrate, a septentrione Tauro, a meridie mari Persico inclusum, longitudine DCCC m. p., latitudine CCCLX.

Plin. VI, 15, 37. Agrippa Caspium mare gentisque quae circa sunt et cum his Armeniam, determinans ab oriente oceano Serico, ab occidente Caucasi ingis, a meridie Tauri, a septentrione oceano Scythico, patere, qua cognitum est, CCCCLXXX m. p. in longitudinem, CCXC m. in latitudinem prodidit.

Dim. 2. Media, Parthia, Ariana, Carmania, Persis finiuntur ab oriente flumine Sintho, ab occidente Mesopotamia, a septentrione monte Tauro, a meridie mari Persico, quarum spatia habent in longitudine m. p. $\overline{XI}$ et CCCXX (ungeschickte Auflösung der Chiffre $\overline{XIII}$ XX), in latitudine m. p. DCCCXI.

Dim. 3 Mesopotamia finitur ab oriente flumine Tigri, ab occidente flumine Euphrate, a septentrione monte Tauro, a meridie mari Persico: cuius spatia habent in longitudine m. p. DCCC.

Dim. 6. Armenia finitur ab oriente mari Caspio et quae circa gentes sunt, ab occidente mari Pontico, a septentrione iugis montis Caucasi, a meridie monte Tauro: quae patet, quantum cognitum est, m. p. CCCCLXXX.

An einer Verwandtschaft der Dimensuratio mit Agrippa kann man Angesichts dieser Concordanz nicht zweifeln. Besonders auffallend ist in dem letzten Beispiel neben der grossen durch die Ungenauigkeit des Plinius hervorgerufenen Differenz in der Sache die volle Uebereinstimmung in der Ausdrucksweise. Die Wendungen „qua(ntum) cognitum est" und „quae circa sunt" wird man um so mehr als Beweise für die Abstammung der Epitome aus Agrippa's Chorographie gelten lassen müssen, da beide sowohl in der kurzen Epitome als in dem vorwiegend an Agrippa sich anschliessenden Theile der Historia naturalis des Plinius noch öfter

---

6) C. Müllenhoff. Die Weltkarte uud Chorographie des Kaisers Augustus. Kiel. 1856. S. 14—24 hat den Zusammenhang der Dimensuratio mit Agrippa vollkommen erkannt und dem Leser einen Vergleich beider erleichtert, indem er ziemlich correct und vollständig die entsprechenden Abschnitte des Plinius und der Dimensuratio einander gegenüberstellte. Bei der Wichtigkeit des Schriftchens schien mir indess ein eingehender Beweis, dass es in seiner ganzen Ausdehnung dem Werke Agrippa's entstamme, unerlässlich.

wiederkehren. Nicht überall tritt die Uebereinstimmung der Agrippa-Fragmente mit den Angaben der Dimensuratio so evident hervor wie in den von mir gewählten Beispielen. Aber die ärgsten Corruptelen, ja selbst der Ausfall einzelner Zahlen in der Dimensuratio vermochten doch nirgends die Spuren der Verwandtschaft zwischen dieser Epitome und dem Werke Agrippa's ganz zu verwischen. Von den 13 ausdrücklich als Angaben Agrippa's bezeichneten Fragmenten bei Plinius, welche sich auf die Ausdehnung von Ländern und Inseln nach Länge und Breite beziehen, finden sich 12 theils genau, theils wenigstens noch recht deutlich erkennbar in 14 Abschnitten der Dimensuratio wieder.[7]) Von den übrigen 16 Paragraphen der Dimensuratio lassen sich 12 mit zum Theil sehr auffallend übereinstimmenden Stellen des Plinius vergleichen, an denen Agrippa's Name nicht genannt ist.[8]) Wenn man beachtet, dass diese 12 Plinius-Stellen nicht nur dem Schema nach (Grenzen, Länge und Breite von Ländern und Inseln) mit den vorerwähnten 13 Agrippa-Fragmenten vollkommen übereinstimmen, sondern auch sich sämmtlich mit diesen in der Art zu einem Ganzen vereinigen lassen, dass sie immer genau die Lücken der Erdbeschreibung ausfüllen, welche man aus jenen Agrippa-Fragmenten zusammenstellen kann, so ist es schon dadurch mehr als wahrscheinlich, dass sie mit jenen ursprünglich ein Ganzes bildeten und, ebenso wie sie, dem Agrippa entnommen sind. Hält man aber mit dieser Beobachtung die Thatsache zusammen, dass die, in jenen 12 Plinius-Stellen enthaltenen Mittheilungen mit den Angaben Agrippa's sich wirklich in der Dimensuratio zu einem Abriss der Erdbeschreibung verbunden finden, so bleibt nur die Wahl zwischen zwei Möglichkeiten. Entweder hat der

---

7) Dim. 1—3. 6. 8. 9. 18—21. 23. 24. 29. 30. Plin. n. h. VI, 21, 57. 31, 137. 15, 37. IV, 25, 81. 26, 91. III, 29, 150. IV, 28, 98. 31, 105. III, 5, 37. IV, 35, 118 III, 3, 16. VI, 35, 196. IV, 30, 102. Dem Agrippa-Fragment über Klein-Asien Plin. V, 28, 102 entsprach einst ein in den bis jetzt verglichenen Handschriften der Dimensuratio nicht mehr vorhandener Abschnitt, welchen Dicuil in der ihm vorliegenden erweiterten Recension dieser Schrift noch vorfand (s. u.).
8) Dim. 4. 7. 10—13. 16. 17. 25—28. Plin. V, 13, 67. IV, 23, 71. 20, 58. 18, 46. 51. 16, 32. III, 14, 87. 12, 80. 13, 84. V, 1, 21. 3, 25. 5, 38. 9, 48.

Verfasser der Dimensuratio aus Plinius (resp. einem von Plinius abhängigen Werke) geschöpft und die bei ihm zerstreut vorkommenden Angaben über die Dimensionen der Länder, mochten sie Agrippa's Namen tragen oder nicht, zu einem Schriftchen zusammengestellt oder er hat in einer von Plinius unabhängigen Quelle jene 12 von Plinius ohne Agrippa's Namen mitgetheilten Daten mit den Agrippa-Fragmenten verknüpft gefunden. Wenn es gelingt diese Alternative zu Gunsten der letzteren Möglichkeit zu entscheiden, so ist damit der Beweis geliefert, dass die Verbindung jener 12 Stellen mit den 13 Agrippa-Fragmenten, auf welche zwei verschiedene Schriftsteller selbständig nimmermehr verfallen konnten, nicht von Plinius herrührt, sondern älter sein muss. Ist dies aber der Fall, so muss diese Verbindung, da zwischen Plinius und Agrippa keine Mittelglieder existiren, sich schon in dessen Werke selbst vorgefunden haben.

Um darzuthun, dass jene 12 Plinius-Stellen wirklich Agrippa-Fragmente sind, ist demnach Nichts erforderlich als der Nachweis, dass der Verfasser der Dimensuratio nicht aus Plinius oder einer von ihm abhängigen Quelle geschöpft hat. Und dieser Nachweis ist leicht zu führen. Es wird genügen aus der Zahl der für ihn verwendbaren Thatsachen nur einige hervorzuheben.

Die Stellen, an denen die Dimensuratio Angaben Agrippa's in vollständigerer Fassung bietet als Plinius, würde man vielleicht noch durch eine hie und da erweiternde Bearbeitung eines Auszugs aus Plinius erklären können. Dieser Ausweg ist aber verschlossen in den Fällen, wo entweder die Dimensuratio oder Plinius Agrippa's Angaben durch offenbare Irrthümer entstellt haben. Wenn die Dimensuratio durch ein Missverständniss den Hercynischen Wald als Ostgrenze Germanien's bezeichnet, so ist sie zu diesem Fehler sicherlich nicht durch Plinius verleitet worden, der mit aller Deutlichkeit dieses Gebirge als im Innern (introrsus) Deutschlands liegend bezeichnet. Wie hätten ferner die Zahlen, in welchen bei Plinius richtig die Dimensionen Macedoniens und Thraciens ausgedrückt sind, durch ein Versehen des Epitomators in die Beschreibung der Landschaften Thessalien, Epirus und Achaia hineingerathen können, wenn der Epitomator den Plinius vor sich gehabt hätte, bei welchem die Ziffern für den Rumpf der Balkanhalbinsel von denen für Griechenland durch einen bedeutenden Zwischenraum (17 Paragraphen) getrennt sind? Wie konnte der Epitomator, wenn ihm die klare Darstellung des Plinius vorlag, auf den Gedanken kommen, bei der Eintheilung Galliens Aquitanien nicht, wie er musste, mit Gallia comata, sondern mit der Narbonensischen Provinz zu verbinden? Noch mehr gegen die Annahme einer Benützung des Plinius oder eines von ihm abhängigen Autors durch den Verfasser der Dimensuratio spricht die Thatsache, dass dieser die oben schon angeführten Dimensions-Angaben für Armenien richtig verstanden und überliefert hat, während Plinius sie irrig auf Armenien mit Einschluss des Caspischen Meeres und aller umwohnenden Völker bezog. Zu demselben Schlusse, dass nicht Plinius die Quelle der Dimensuratio gewesen sein kann, treibt ein Blick auf zwei Abschnitte dieses Schriftchens, welche, wie ich überzeugt bin, auf Agrippa zurückzuführen sind und doch mit keiner Plinius-Stelle sich in Vergleich bringen lassen.

Bei der genauen Erörterung der Mittheilungen Agrippa's über die spanischen Provinzen wird sich die beste Gelegenheit bieten nachzuweisen, dass die von Plinius aus einem sehr klar zu Tage liegenden Grunde geflissentlich übergangene Ziffer Agrippa's für die Längen-Ausdehnung der Provinz Hispania citerior uns in der Dimensuratio erhalten ist. Die andre Stelle der Dimensuratio (§. 5) will ich gleich jetzt beleuchten. Die Bestimmung der Lage und Grösse der Insel Cypern bei Plinius (n. h. V. 35, 129) enthält Nichts als Citate aus Timosthenes, Artemidor, Isidor von Charax. Die Angaben Agrippa's hat Plinius hier sicher nicht mitgetheilt. Wenn nun Plinius grade hier, wo er einmal von Agrippa sich emancipirt, sofort in Widerspruch kommt mit der Dimensuratio und weder seine Ziffern noch sein Ausdruck mit ihren Angaben irgend welchen Vergleichs-Punkt bieten, so ist es im höchsten Grade wahrscheinlich, dass das betreffende Stück der Dimensuratio, dessen Anlage in keiner Weise von den übrigen Theilen des Schriftchens verschieden ist, grade die von Plinius übergangenen Daten Agrippa's erhalten hat, auf dessen Chorographie mindestens ein sehr grosser Theil dieser Epitome zurückgeht.

In jedem Falle wird man sowohl aus den Stellen der Dimensuratio, welche bei Plinius ihr Analogon finden, wie aus denen, welche mit keinem Passus dieses Schriftstellers übereinstimmen, den Schluss ziehen müssen, dass weder Plinius noch ein von ihm abhängiger Schriftsteller die Quelle der Dimensuratio und das Medium war, durch welches ihr die Angaben Agrippa's zuströmten. Durch die oben entwickelte Kette von Argumenten ergiebt sich daraus mit zweifelloser Gewissheit, dass alle Stellen, an denen Plinius mit der Dimensuratio im Einklang steht, aus Agrippa entnommen sind, selbst wenn sie nicht ausdrücklich mit dessen Namen bezeichnet werden.

So stimmen nicht 14, sondern 26 Paragraphen der Dimensuratio mit Agrippa-Fragmenten überein, welche Plinius uns aufbewahrt hat. Von den übrigen 4 Paragraphen sind, wie eben erwähnt, noch 2 nicht sowohl trotz als wegen ihrer Discordanz mit Plinius für Reste des Agrippa'schen Werkes zu halten. Nochbleiben 2 Paragraphen (14.15) über Italien.

Für ihre Herkunft aus Agrippa spricht, da weder eine Uebereinstimmung mit Plinius noch ein Widerspruch gegen eine nachweislich von Agrippa abweichende Stelle dieses Schriftstellers sich entdecken lässt, nur die genaue Analogie mit den übrigen, sicher aus Agrippa herzuleitenden Partien des Schriftchens und die bei der Besprechung der Darstellung Italiens im Werk Agrippa's nachzuweisende Möglichkeit, dass diese Abschnitte unter Agrippa's Angaben ihren Platz haben konnten.

Nach dieser Analyse der kleinen Schrift kann es wohl keinem Zweifel unterliegen, dass die Chorographie Agrippa's ihre Quelle und zwar ihre einzige Quelle war. Offen bleiben muss nur die grade wegen der reinen Ueberlieferung der Agrippa-Fragmente ohne Beimischung heterogener Notizen schwer zu entscheidende Frage, ob der Epitomator Agrippa's Werk selbst oder nur einen Auszug desselben vor sich hatte. Nirgends finden wir einen Anhalt zur Bestimmung der Zeit, in welcher die Epitome abgefasst wurde. Die ganze Eintheilung und Bezeichnung der Provinzen gehört der Zeit des Kaisers Augustus, zum Theil sogar sicher der ersten Hälfte seiner Regiuerng an [9]). Ein Schluss über die Dis-

---

9) Müllenhoff a. a. O. 25. 26.

position des Agrippa'schen Werkes lässt sich aus der Vereinigung der Angaben über Länge und Breite der Länder in der Dimensuratio nicht ziehen. Es ist möglich, dass sie schon in Agrippa's Werke beisammen standen, aber auch denkbar, dass sie darin zerstreut waren und erst vom Epitomator zusammengefasst wurden. Sowohl für die Ergänzung und Berichtigung der Dimensuratio als auch für die Kritik des Plinius ist von Bedeutung das im Jahre 825 verfasste Schriftchen Dicuil's de mensura orbis terrae. Dieser irische Mönch hat eine Handschrift des Plinius benützt, welcher ihre nahe Verwandtschaft mit dem vortrefflichen, leider nur trümmerhaft erhaltenen Codex Riccardianus zur besten Empfehlung gereicht. Wir finden ferner bei ihm, freilich nicht ganz rein und nicht ohne fremde Zuthat, Angaben aus der Dimensuratio, welche er stets als Resultate einer von den Missi des Kaisers Theodosius angestellten Messung einführt. Seine Kenntniss von der Thätigkeit dieser Missi beruhte aber lediglich auf einem von ihm selbst mitgetheilten Gedicht, aus welchem wir weiter nichts ersehen, als dass nach dem Auftrage des Kaisers Theodosius II. eine ältere, fehlerhafte Weltkarte durch eine neue correctere ersetzt und ihr ein geographisches Compendium, ebenfalls auf Grundlage älterer Arbeiten, beigegeben wurde [10]. Aus dieser kleinen Erdbeschreibung theilt Dicuil einzelne Stücke mit, welche allerdings sehr auffallend mit Paragraphen der Dimensuratio übereinstimmen, aber doch mehrfach durch Zusätze erweitert sind, die wir wohl auf Rechnung jener Missi Theodosii setzen dürfen und daher bei einer Besprechung der auf uns gekommenen Reste des Agrippa'schen Werkes sorgfältig auszuscheiden haben. Als echte, auf Agrippa zurückgehende Ergänzungen der Dimensuratio möchte ich ausser einigen Zahlenangaben nur die Mittheilungen der Missi über Klein-Asien gelten lassen, welche eine offenbare Lücke unserer Agrippa-Epitome ausfüllen.

Noch eine dritte Quelle Dicuil's darf hier nicht unerwähnt bleiben, da man ihr eine besondere Wichtigkeit für die Kenntniss

---

10) v. 7—10. Supplices hoc famuli, — dum scribit, pingit et alter, —
Mensibus exiguis, veterum monimenta secuti,
In melius reparamus opus culpamque priorum
Tollimus ac totum breviter comprendimus orbem.

der Schrift Agrippa's beigemessen hat. Unter dem Titel Cosmographia finden wir in einer Reihe von Handschriften, von denen nur sehr wenige und nicht die ältesten den Aethicus als Verfasser nennen, zwei ganz verschiedene Schriftchen locker verbunden. Das eine trägt in älterer Gestalt gesondert erhalten den Titel ‚Julii Honorii oratoris excerpta sphaerae'. Das zweite ist fast genau identisch mit der kleinen Erdbeschreibung, welche Orosius seinem Werke voranschickte. Das Büchlein des Julius Honorius ist unzweifelhaft auf Grund einer Karte abgefasst [11]), deren Verwandtschaft mit dem Orbis pictus Agrippa's nicht gar so gross ist, wie man zu meinen pflegt. An eine mittelbare oder unmittelbare Benützung der Chorographie des Agrippa aber ist bei Honorius ganz und gar nicht zu denken [12]).

Mit mehr Recht hat man die Erdbeschreibung bei Orosius, welche schon Dicuil mit dem Honorius zu einer Cosmographie verbunden fand [13]), mit Agrippa in Beziehung gebracht. Allein schon Müllenhoff, der die formelle und sachliche Uebereinstimmung dieser kurzen Geographie mit der Dimensuratio und Plinius recht anschaulich machte, indem er den einzelnen Abschnitten des Orosius die analogen der beiden andern durch Agrippa's Angaben genährten Quellen gegenüberstellte, hat nicht verkannt, dass die aus Agrippa's Werke fliessenden Mittheilungen hier durch viele fremde Zusätze getrübt sind und manche Umgestaltungen erfahren

---

11) Die durchschlagendsten Beweise dafür hat Müllenhoff a. a. O. 6—14 gut hervorgehoben.

12) Müllenhoff a. a. O. 26 ‚überlässt es' sehr richtig ‚Anderen zu vermuthen, dass die Angaben über die Länge der Flüsse bei Honorius aus Agrippa's Chorographie entlehnt sind'. Bei den annähernd richtigen Vorstellungen Agrippa's von den Dimensionen der Länder wird schwerlich Jemand glauben, dass dieser Mann Adonis und Jordan zu den gewaltigsten Strömen des Orients gezählt, dass er sie für 3—4 Mal so lang als Borysthenes und Iberus gehalten habe. Solche kindische Angaben können nur verwegenen Schätzungen nach einer ganz falschen, unproportionirt entworfenen Karte ihre Entstehung danken.

13) Dicuil citirt unter demselben Titel ‚Cosmographia' mehrere Stellen aus Julius Honorius und eine, welche nicht in dessen Schriftchen, wohl aber in der Erdbeschreibung bei Orosius ihren Platz gehabt haben kann. Oros us I, 2 p. 30. 31 nämlich nennt den lacus salinarum, über welchen Dicuil VIII, 7, 1 aus der Cosmographie mittheilt, dass er ‚in lunari mense crescit ac decrescit' vgl. Tab. Peut. VII, D. ‚Salinae immensae, quae cum luna crescunt et decrescunt'.

haben [14]). Müllenhoff erklärt diese Veränderungen durch die ansprechende Vermuthung, dass Orosius schon nicht mehr die Chorographie Agrippa's in ursprünglicher, reiner Gestalt, sondern nur ein auf ihr fussendes Werk des zweiten Jahrhunderts vor sich gehabt habe [15]). Sowohl der Verfasser dieses Werkes, welches Müllenhoff vielleicht nicht ganz mit Recht für eine erweiternde Bearbeitung der Dimensuratio erklärt [16]), als auch Orosius selbst haben an den Angaben des Agrippa Manches geändert und manche Zusätze gemacht. Wenn diese Erweiterungen und Umwandlungen sich auf die durch Umgestaltuug der politischen und ethnographischen Verhältnisse nöthig gewordenen Correcturen beschränkt hätten, könnte man hoffen, diese neuen Zuthaten zu entfernen und so aus dem Ganzen den alten Agrippa'schen Kern wieder herauszuschälen. Allein es fehlt bei Orosius auch nicht an Stellen, an denen theils die Individualität der Ueberarbeiter, theils eine Benützung andrer Quellen den alten von Agrippa herrührenden Grundstock dieser Cosmographie wesentlich verändert zu haben scheinen. Am auffallendsten tritt dies natürlich hervor, wenn Orosius oder sein Gewährsmann Ansichten, die wir bei Agrippa finden oder voraussetzen müssen, ausdrücklich als irrig bezeichnet.

Welche Anschauungen Agrippa über den Lauf des Nil gehegt hat, können wir mit aller Bestimmtheit aus der Peutinger'schen Tafel ersehen [17]). Nach ihrer Darstellung entspringt in Gaetulien auf einem Gebirge, welches die Südgrenze der römischen Herrschaft zu bezeichnen scheint, der Fluss Girin, welcher von W. nach O. strömt, um am Rande eines namenlosen Gebirges zu verschwinden [18]).

14) Müllenkoff a. a. O. 25.
15) Für eine Abfassung in dieser Zeit spricht ausser den von Müllenhoff beigebrachten Gründen wohl die Erwähnung des zu Arrian's Zeit schon zerstörten Theodosia. vgl. Neumann. Die Hellenen im Skythenlande S. 469.
16) Dass dem Verfasser Agrippa's Mittheilungen nur durch Vermittelung der Dimensuratio zugekommen seien, wäre wahrscheinlich, wenn Orosius nicht hie und da mehr von Agrippa stammende Angaben böte als die Dimensuratio.
17) Desjardins hat von seinen beiden Behauptungen, dass die Darstellung der physikalischen und ethnographischen Verhältnisse auf der Tab. Peut. dem Orbis pictus des Agrippa entlehnt und, dass in diesen Rahmen erst im vierten Jahrhundert die Strassenzüge eingezeichnet worden seien, mindestens die erste über jeden Zweifel erhoben.
18) Vitruv VIII, 2, 6. sub montes desertos subterfluens.

Näheren Aufschluss giebt die beigeschriebene Notiz: „Hoc flumen quidam Grin vocant, alii Nilum appellant. Dicitur enim sub terra Aethiopum in Nilum ire lacum". Dem entsprechend finden wir südlich von den Cyrenäischen Bergen einen See verzeichnet, aus dessen Ostende der Nil hervorströmt, um als Grenze Asiens und Afrika's Aegypten zu durchfliessen. Als Mündungsbecken der unterirdischen Wasser des Girin bezeichnen diesen See deutlich genug die Worte: „per quem Nilus transit". Agrippa theilte also die zu seiner Zeit allgemein herrschende, besonders von Juba vertretene Ansicht, nach welcher der am Südabhang des Atlas entspringende Fluss Ger oder Gir der Oberlauf des Nil war [19]. Gegen diese Auffassung verhält sich Orosius (resp. sein Gewährsmann) ablehnend. Nach ihm entsprang der Nil im äussersten Osten Afrika's, unweit vom Hafen Mossylum und floss zunächst in westlicher Richtung, um erst, nachdem er die Insel Meroë umschlossen, nach Norden umbiegend Aegypten zu bewässern. Orosius fügt hinzu: „Hunc (Nilum) aliqui auctores ferunt, haud procul ab Atlante habere fontem et continuo arenis mergi, inde interiecto brevi spatio vastissimo lacu exundare atque hinc oceano tenus orientem versus per Aethiopica deserta prolabi rursusque inflexum ad sinistram ad Aegyptum descendere". Diese Ansicht, welche offenbar die Agrippa's ist, erklärt Orosius für unvereinbar mit der Thatsache, dass jener Afrika von W. nach O. durchströmende grosse Fluss zwar vorhanden sei, sich aber in einen grossen See ergiesse, welcher mit dem von dem östlichen Afrika herkommenden Nil keine, wenigstens keine sichtbare Verbindung habe. Wie hier Orosius oder vielmehr seine Quelle Agrippa's Ansicht nur aufnimmt, um sie abzuweisen, so finden wir auch in der Darstellung der Orographie von Asien Orosius in bewusstem Widerspruch mit der Meinung Agrippa's.

Die Peutinger'sche Tafel verzeichnet ein ganz Asien vom östlichen Ocean bis zum Mittelmeer durchziehendes Gebirge, welchem sie in seiner ganzen Ausdehnung den Namen ‚Mons Taurus' beilegt. Im vollen Einklang mit dieser Bezeichnungsweise steht

---

[19] Ueber die Entwicklung dieser Anschauung Vivien de St. Martin. Le Nord de l'Afrique dans l'antiquité. S. 16. 20. 425—449.

ausser der Dimensuratio auch Strabo[20]. Der Geograph, welchen Orosius ausschrieb, hat diese weite Ausdehnung des Namens Taurus ebenfalls gekannt, erklärt sich aber mit aller Entschiedenheit dagegen[21]. Nach seiner Anschauung wären die Gebirge, welche den Nordrand von Medien, Persien, Indien bildeten, die Fortsetzung des Caucasus, nicht des Taurus, von welchem sie durch das Euphrat-Thal völlig geschieden würden. Es sei demnach der Name Taurus auf die Gebirgszüge westlich vom Euphrat zu beschränken während sich die östlicheren passend unter der Bezeichnung Caucasus vereinigen liessen.

Dieser Ausführung bleibt die Erdbeschreibung bei Orosius consequent treu und tritt so in einen entschiedenen, bewussten Gegensatz zu Agrippa und den von ihm abhängigen oder mit ihm übereinstimmenden Quellen. Man würde irren, wenn man in dieser ohne Zweifel recht willkürlichen Feststellung der Nomenclatur, in dieser Ausdehnung des Namens des Caucasus auf Gebirge, welche von ihm auf das deutlichste geschieden sind, Nichts als eine Marotte dieses Geographen sehen wollte. Aus Strabo geht vielmehr hervor, dass wir hier vor einer lebhaft umstrittenen, von zwei historisch-geographischen Schulen in entgegengesetzter Weise beantworteten Frage stehen. Ein Blick auf ihre Genesis ist nicht ohne Interesse.

Als Alexander, der schwärmerische Sohn der Bacchantin *Olympias, von wahnwitziger Ruhmgier gejagt, siegend ganz Asien durcheilte, bebte in seinem Herzen vor Allem die von der Mutter genährte Erinnerung an die Grossthaten seiner vermeintlichen Ahnen und die glühende Begierde, Dinge zu vollbringen, welche deren Ruhm weit überstrahlen sollten. Die kindische Comödie am Grabmal Achill's war nur ein unschuldiges Vorspiel der Greuel-Scene vor Gaza, in der er den Ueberwinder

---

20) Dim. 1—3. 6. Strabo II, 5, 31 pag. 129. XI, 1, 1 pag. 490. 11, 7 p. 519. 12, 2—4, p. 521/2, ebenso Arrian. Hist. Ind. 2, 1—3. 5, 10. Plinius rechnet V, 27, 97—99 sogar noch den Caucasus und andre selbständige Gebirge zum Taurus-System, hält aber an anderen Stellen seines Werkes diese Auffassung nicht fest.

21) Orosius I, 2 p. 19 Hav.

Hector's zu verdunkeln meinte.²²) Als gar jener für ihn so verhängnissvolle Tag im Tempel des Ammon ihm die Gewissheit gegeben, dass er ein Sohn des Götterkönigs sei, da fühlte er sich selbst seinem Vorfahren Herakles ebenbürtig und, ihm an Siegen es gleich oder zuvor zu thun, war sein brennendster Wunsch.²³) Der ihn begleitende Schweif von Afterphilosophen und Hofhistoriographen wurde nicht müde, stets neue für Alexander glorreiche Parallelen mit seinen mythischen Vorläufern auf der asiatischen Siegesbahn zu entdecken. An geringfügige Analogien sich klammernd wies die dienstfertige Phantasie allenthalben die Spuren des Dionysos oder des Herakles nach. Kein Wunder, dass die Macedonier beim Anblick der gewaltigen Bergmassen des Paropamisus an der nördlichen Grenzmauer der Welt angekommen zu sein meinten. Eine flüchtige Namensaehnlichkeit²⁴) mag sie vollends in der Ueberzeugung bestärkt haben, dass dieses gigantische Gebirge der Caucasus sei, welcher dem frühesten Alterthum als die nördliche Schranke der Welt erschienen war. Von diesem Glauben aus war nur ein Schritt zur Entdeckung der Stätte der Leiden und der Erlösung des Prometheus. In dem höhlenreichen Gebirge gab es sicher manche vom Gespinnst uralter Sagen umrankte, den Einwohnern für heilig geltende Grotte. In einer solchen sollte der Titan seine lange Pein erduldet und des Retters geharrt haben, der ihm in Herakles, dem Ahnherrn des macedonischen Königshauses, endlich erschien.²⁵) Weit entfernt, kühl die wahre Lage des Caucasus zu erwägen und die völlige Verschiedenheit dieses Gebirges vom Paropamisus anzuerkennen, griffen die macedonischen Hofgelehrten gierig nach diesen schwachen Handhaben einer neuen Glorification ihres Herrn, stolz, dem Ehrenkranz ihres Volkes ein neues Blatt hinzufügen zu können: den Uebergang über den Caucasus.²⁶) Die

---

22) Curt. IV, 6, 29.
23) Curt. III, 10, 5. IX, 2, 29. 4, 21. Arrian. Exped. Alex. III, 3, 2.
24) Forbiger. Alte Geographie II. S. 53.
25) Eratosthenes bei Strabo XV, 1, 8, p. 688. Arrian. Exped. Alex. V, 3, 2. 3. Hist. Ind. 5, 11.
26) Plin. IV, 17, 39. Haec est Macedonia, terrarum imperio potita quondam, ... Taurum, Caucasum transgressa ....

Panegyriker hatten Stoff für eine pompeuse Phrase mehr und sogar Gelegenheit, ihren Erzählungen von den Thaten des Ammons-Sohnes — ein seltener Fortschritt! — noch eine Hof-Geographie als würdiges Pendant an die Seite zu stellen. Deren erste Leistung war natürlich die Adoption und Sanction der neuen Entdeckung, dass der Caucasus nicht zwischen dem Pontus und dem Caspischen Meere allein sich ausbreite, wie der alte Herodot es sich hatte vorreden lassen, sondern dass er weiter nach Osten sich erstrecke und noch der Paropamisus ja das ganze Gebirge im N. von Medien, Persien und Indien trotz aller einzelnen Namen, die es trage, in Wirklichkeit Nichts sei als Caucasus.[27]) So lehrte Aristobul,[28]) so Megasthenes[29]) und Patrokles.[30]) Eratosthenes erhob sich endlich gegen diesen Unfug, den unwissenschaftliche Uebereilung im Dienste der Apotheose Alexanders in der Geographie getrieben hatte.[31]) Wie er den Tanais aus der unsinnigen Identification mit dem Jaxartes löste, so wollte er auch den Namen Caucasus wieder auf sein wahres Gebiet beschränken. Ganz ist ihm dies nicht gelungen. Doch wenn auch die Schriftsteller, namentlich die Dichter, die Licenz, zu welcher ihnen die Macedonier verholfen hatten, weiter gebrauchten und alles Mögliche mit dem Namen Caucasus bezeichneten, so hat doch die wissenschaftliche Geographie fast einstimmig der Ansicht des Eratosthenes beigepflichtet. Auch Agrippa hat sich vor jener missbräuchlichen Ausdehnung des Namens Caucasus gehütet und als Gesammt-Bezeichnung für die continuirliche Kette, welche nach der Anschauung der Alten vom östlichen Ocean bis zum Mittelmeer reichte, den Namen Taurus vorgezogen. Um so auffallender ist es, dass wir in dem Geographen, welchen Orosius ausschrieb, einen ausgesprochenen Gegner der von Agrippa getheilten Eratosthenischen, einen Anhänger der macedonischen Ansicht finden. Sehen wir so diesen Schriftsteller in einer wichtigen

---

27) Strabo XI, 5, 5 p. 505. 8, 1 p. 511. XV, 1, 8. 9. 11 p. 688. Arrian. b. Ind. 2, 1—4.
28) Arrian. Exped. Alex. III, 28, 5.
29) Strabo XV, 1, 56 p. 710. Arrian. Exp. Alex. V, 5, 1—4. 6, 1—4.
30) Strabo II, 1, 1 p. 68.
31) Strabo XV, 1, 8 p. 688. Arrian. Exp. Alex. V, 3, 2. 3.

geographischen Streitfrage in Widerspruch mit seiner Hauptquelle, dem Werke Agrippa's, so ist bei ihm die Benützung anderer Quellen daneben ganz unzweifelhaft. Bei dem anscheinend sehr geringen Beifall, welchen nach Eratosthenes die macedonische Nomenclatur fand, kann man die Frage, woher der Gewährsmann des Orosius seine Apologie derselben schöpfte, wohl mit Wahrscheinlichkeit dahin beantworten, dass ihm eine Geschichte des Alexander-Zuges vorlag.

Dafür sprechen auch einige Stellen seiner Erdbeschreibung, welche ein hervorstechendes Interesse für Alles verrathen, was sich an Alexander's Namen knüpft. Ohne rechte Veranlassung werden der nördlichste, wie der westlichste Punkt seiner Siegesbahn, das Lager in Libyen und die Altäre am Jaxartes, dem vermeintlichen Tanais erwähnt.[32]) Die kurze Geographie bei Orosius nennt ferner, so sparsam sie sonst mit hydrographischen Mittheilungen ist, in dem Gebiet zwischen Indus und Tigris erst (irrig) den mit dem Andenken an Alexander so innig verwachsenen Namen des Hydaspes, dann sogar den kleinen Arbis-Fluss, welchen nur Alexander's Zug durch die Gedrosische Wüste und Nearch's Küstenfahrt dem Occident bekannt gemacht hatten.[33]) Man verweise zur Erklärung dieser evidenten Vorliebe für Oertlichkeiten, welchen die Erinnerung an Alexander allein einige historische Bedeutung gegeben hat, nicht auf die Peutinger'sche Tafel mit ihren Altären Alexander's am Jaxartes und in Indien. Grade sie zeigt, dass die entsprechenden Notizen des Orosius nicht von Agrippa stammen können. Agrippa hat sicherlich recht wohl gewusst, dass der Jaxartes, den Alexander erreichte, keineswegs mit dem Tanais identisch war, und er hat die arae Alexandri auf seinem Orbis pictus nicht am Don, sondern weit östlich vom Caspischen Meere eingetragen. Bei Orosius da-

---

32) Orosius I, 2 p. 11. 12 H.
33) Orosius I, 2 p. 14 H. Strabo XV, 2, 1 p. 720. Curtius IX, 10,5.6. Arrian. Exp. Alex. VI, 21. h. Ind. 21, 8—22, 10. Plin. VI, 23, 97. 25, 110. Im Lande der Arbier, welches der Arbis-Fluss durchströmt, waren zur Erinnerung an den Feldzug des Königs wieder arae Alexandri errichtet worden und die brauchbarste Schiffsstation jener Küste hatte den Namen Alexander-Hafen erhalten.

gegen heisst es so, wie nur die Schriftsteller zu Zeiten Alexander's oder ein ihnen kritiklos nachtretender Historiker schreiben konnte: ‚Riphaei montes Tanaim fluvium fundunt, qui praeteriens aras ac terminos Alexandri Magni, in Rhobascorum finibus sitos, Maeotidas auget paludes.'[34]) Hier haben wir den schlagendsten Beweis, das nicht Agrippa für die Alexander den Grossen angehenden Notizen der von Orosius benützten Erdbeschreibung die Quelle gewesen ist. Das eben Angeführte muss vielmehr die Wahrscheinlichkeit der Vermuthung, dass der Verfasser dieser Geographie auch Angaben einer Geschichte Alexander's aufgenommen habe, bedeutend erhöhen.

Nachdem ich so einige Stellen des Orosius beleuchtet habe, die mit den Anschauungen Agrippa's in diametralem Widerspruche stehen, ist der Beweis wohl genügend geführt, dass die Darstellung Agrippa's bei Orosius nicht nur durch Zuthaten erweitert oder alterirt ist, welche in der Veränderung politischer und ethnographischer Verhältnisse begründet waren, sondern dass auch durch Benützung andrer Quellen manches Fremdartige hineinkam, zu dessen Aufnahme den Verfasser nicht äussere Verhältnisse, denen er Rechnung zu tragen hatte, sondern nur die eigene Subjectivität trieb.

Da es nicht immer möglich sein wird, dergleichen Zusätze mit Sicherheit zu erkennen und auszuscheiden, hat die Erdbeschreibung bei Orosius für die Reconstruirung des Agrippa'schen Werkes einen weit geringeren Werth als die Dimensuratio provinciarum. Wir werden, um ganz sicher zu gehen, nicht nur alle mit den Verhältnissen der Augusteischen Zeit oder mit zweifellos echten Angaben Agrippa's unvereinbaren Notizen aus der Darstellung des Orosius zu entfernen haben, sondern überhaupt von den Stellen, welche mehr bieten als Plinius und die Dimensuratio, nur die als Agrippa-Fragmente anerkennen dürfen, bei denen sich besondere Gründe für ihren Ursprung aus Agrippa's Chorographie geltend machen lassen.

Ich schliesse hiermit die Analyse der Quellen, auf denen die

---

34) Orosius I, 2 p. 11 H. Ueber diesen noch von Curtius festgehaltenen Irrthum s. Strabo XI, 7, 4 p. 509. 510. Plin. VI, 18, 49.

folgenden Studien über das Werk Agrippa's beruhen. Die hier unberührt gebliebene Frage, ob der Chorograph, aus welchem Strabo einige Dimensions- und Entfernungs-Angaben für Italien und seine Inseln entnommen hat, identisch ist mit Agrippa, lässt sich am besten bei der Besprechung der Italien betreffenden Agrippa-Fragmente entscheiden.

Spanien.

Plin. III, 3, 8. Oram eam (Baeticae) in universum originis Poenorum existimavit M. Agrippa.

Plin. III, 3, 16. Longitudinem universam eius (Baeticae) prodidit M. Agrippa CCCCLXXV m. p., latitudinem CCLVII m., sed cum termini Carthaginem usque procederent, quae causa magnos errores computatione mensurae saepius parit, alibi mutato provinciarum modo, alibi itinerum auctis aut diminutis passibus. Incubuere maria tam longo aevo, alibi processere litora, torsere se fluminum aut correxere flexus. Praeterea aliunde aliis exordium mensurae est et alia meatus; ita fit, ut nulli duo concinant. Baeticae longitudo nunc a Castulonis oppidi fine Gadis CCL m. et a Murci maritima ora XXV m. p. amplior, latitudo a Carteia Anam ora[35]) CCXXXIV m. p. Agrippam quidem in tanta viri diligentia praeterque in hoc opere cura, orbem cum terrarum urbi spectandum propositurus esset, errasse quis credat et cum eo divum Augustum?

Dim. 24. Hispania ulterior (finitur) ab oriente Oretania, ab occidente oceano, a septentrione fluvio Ana, a meridie mari Hiberico; cuius spatia in longitudine m. p. CCCCLXXX, in latitudine m. p. CCLXXXIII (cod. A CCLXXXIV).

Dim. 22. Hispania citerior finitur ab oriente saltu Pyrenaeo, ab occidente Oretania, a septentrione Oceano, a meridie mari Hiberico: cuius spatia in longo m. p. DXXXV, in latitudine m. p. CLXXXIII.

Dim. 23. Asturia et Gallaecia et (cod. et galloeca) Lusitania ab oriente Cantabria et Oretania, ab occidente oceano (finiuntur): patent in longo m. p. DLXXX, in lat. m. p. DLXXXV.

---

35) So oder „Carteia Anam in ora" ist nach den Handschriften zu lesen, nicht „Carteiana ora".

Plin. IV, 35, 118. Lusitaniam cum Asturia et Gallaecia patere longitudine DXL m. p., latitudine DXXXVI m., Agrippa prodidit.

Wiewohl man bei einem Blick auf die Dimensuratio der Vermuthung sich nicht verschliessen kann, dass Agrippa's Chorographie mit Indien beginnend zuerst den ganzen Orient behandelte, dann das Becken des Mittelmeers umwandernd die Länder Europa's vom Pontus bis zu den Säulen des Hercules, die des Südens vom Atlas bis zum Persischen Busen besprach, um mit dem Ocean und seinen Inseln zu schliessen, habe ich dennoch aus praktischen Rücksichten für die Erklärung der Fragmente eine andre Reihenfolge vorgezogen. Zum Theil leitete mich dabei auch der Wunsch, von einer Stelle des Plinius auszugehen, welche uns für das Verständniss der Angaben Agrippa's über die Dimensionen der einzelnen Provinzen eine beachtenswerthe Andeutung giebt.

Die Ziffern Agrippa's für die Länge und Breite von Baetica hält Plinius für so völlig unvereinbar mit seinen eigenen Kenntnissen von dieser Provinz, dass der Zweifel an der Richtigkeit jener Zahlen in ihm fast die Oberhand gewinnt über den Respect vor dem Namen des ersten Kaisers und den Glauben an seine Unfehlbarkeit. Er zieht indess auch die Möglichkeit in Erwägung, dass seit Agrippa's Zeiten auf dem in Rede stehenden Gebiete erhebliche Veränderungen vorgegangen seien. So lächerlich der Gedanke ist, dass ‚tam longo aevo' d. i. binnen 80 Jahren ein Zurückweichen oder Vordringen des Meeres, eine Umgestaltung der Flussläufe die Umrisse der Provinz wesentlich erweitert oder verengert haben könnten, so wichtig ist die Vermuthung, dass Veränderungen im Strassennetze der Provinz zu seiner Zeit vielleicht eine andre Bestimmung ihrer Dimensionen an die Hand gäben als im Zeitalter des Augustus. Zwar trifft auch diese Bemerkung im vorliegenden Falle nicht den Angelpunkt der Schwierigkeit; allein sie lehrt uns doch so viel, dass nach Plinius' Ansicht Agrippa's Angaben über die Dimensionen der Provinzen auf seiner Kenntniss der Strassenzüge, also auf Itinerarien beruhten. Je nachdem man diesen oder jenen Ausgangspunkt für die Rechnung annahm, dieser oder jener Route folgte, musste man zu anderen Resultaten für die Ausdehnung einer Provinz kommen. Erweist sich diese Anschauung, welche Plinius aus dem ihm ja noch vollständig vorliegenden Werke Agrippa's über die darin verfolgte Methode der Dimensions - Bestimmung für die einzelnen Länder gewonnen hatte, durch einen Vergleich der Ziffern Agrippa's mit den römischen Itineraren als richtig, so sind die immer noch in den Köpfen der gelehrten Welt umgehenden Phantasien von einer Vermessung des römischen Reiches durch Agrippa mit einem Schlage beseitigt.

Den Schlüssel zu der Schwierigkeit, welche Plinius zu diesen Aeusserungen Anlass gab, liefert er uns selbst durch die Mittheilung, dass Agrippa bei seiner Angabe für die Länge Baetica's nicht von Castulo, sondern von Carthago nova aus bis Gades gemessen habe. Die inschriftlichen Itinerare der zu Vicarello (Aquae Apollinares) gefundenen Gefässe[36]) geben uns für die Entfernung Neu - Carthago's von Gades 473 Milien, das Itin. Antonini zählt 477. Die Uebereinstimmung dieser Ziffern mit der von Agrippa für die Länge von Baetica angegebenen (475) ist um so überraschender und beweiskräftiger, da die alte Strasse von Carthago nach Gades so erhebliche Umwege machte, dass ihre Länge die der Luftlinie zwischen beiden Orten sehr hoch überstieg.

Die Itinerare zeigen uns auch den Weg zum Verständniss der Zahlen, welche Plinius selbst der ihm räthselhaften Ziffer Agrippa's gegenüberstellt. Nach Plinius soll Gades von einem bei Castulo liegenden Punkte der Ostgrenze Baetica's 250 Milien entfernt gewesen sein. Für die Richtigkeit dieser Angabe spricht zunächst der zwischen dem Portus Gaditanus und Hasta, also 24 bis 40 Milien von Gades entfernt, gefundene 222te Meilenstein der via Augusta, welche von der Ost-Grenze Baetica's am Baetis hinab zum Ocean führte[37]), dann aber noch entscheidender ein

---

36) Henzen 5210.
37) C. I. L. II. 4734 und S. 628. Hübner's Argwohn, dass der Stein wohl kaum ursprünglich an der Stelle gestanden haben könne, wo man ihn wiederfand, beruht auf einem Irrthum. Aus den Itineraren von Vicarello ersehen wir nur, dass der Portus Gaditanus 246 M. von Castulo, keineswegs aber, dass er 250 M. von der sicher doch westlich von Castulo liegenden Grenze Baetica's entfernt war.

Vergleich mit den Itineraren von Vicarello. Da wir aus ihnen ersehen, dass die Strasse von Castulo über Corduba nach Gades eine Länge von 270 Milien hatte, so muss sie 20 Milien westlich von Castulo die Grenze Baetica's überschritten haben, wenn Plinius deren Entfernung von Gades richtig angegeben hat. Nimmt man von der Confluenz des Guadalen und Guadalimar, an welcher Castulo lag, ungefähr der Eisenbahn folgend seine Richtung möglichst direct auf Montoro, das alte Epora, so hat man nach 20 Milien Weges, wenig nördlich von Menjibar, den Guadalquivir zu überschreiten. Demnach müsste, wenn die Angabe des Plinius correct ist, die Baetis-Brücke der Punkt sein, an welchem die alte Strasse die Grenze Baetica's passirte. Dies ist nun wirklich der Fall gewesen, wie die Meilensteine Baetica's bezeugen, von denen einer den Anfangspunkt der Milienzählung auf dieser am Baetis bis zum Ocean entlang gehenden via Augusta als ‚arcus, unde incipit Baetica' bezeichnet, während andre ihn ‚Janus Augustus, qui est ad Baetem' oder ‚Baetis et Janus Augustus' nennen.[38]) Damit ist die Angabe des Plinius über die Entfernung der Grenze bei Castulo von Gades über jeden Zweifel erhoben.

Für die Prüfung der anderen Angabe des Plinius über die Länge von Baetica, welcher die Ausdehnung der Küstenstrasse von Murgi (etwa beim heutigen Guardia vieja) bis Gades zu Grunde liegt, steht uns leider kein so treffliches Routier zur Seite, wie es die Inschriften der Becher von Vicarello boten.

Nach den erforderlichen Verbesserungen erhielt ich aus dem Itinerarium Antonini (p. 405—408) folgende Distanz-Angaben:

Gades
Mercablo (bei Conil)	24 M.
Baesippo (Barbate)	16 „[39])
Belo Claudia (Bolenia)	12 „
Portus albus (Algesiras)	28 „[40])
Latus . .	80 M.

---

38) C. I. L. II. 4721.—4701. 4703. 4712. 4715. 4716.
39) 16 die beste Pariser Handschrift, 6 alle anderen.
40) die Handschriften 18.

	Transport . 80 M.
Malaca (Malaga)	87 „
Menova (Velez Malaga)	19 „[41])
Murgi (bei Guardia Vieja)	88 „
	274 M.

So finden die Angaben des Plinius über Baetica's Länge ihre vollste Bestätigung in den alten Itineraren. Besonders evident ist die Benützung derartiger Quellen durch Plinius bei der sicher von ihm selbst, nicht von Agrippa herrührenden Zahl (607 M.) für die Längsausdehnung der Tarraconensischen Provinz, welche hier wieder durch den finis Castulonis von der südlichen Nachbarprovinz geschieden erscheint[42]). Genau 607 Milien war nach den Itineraren von Vicarello Castulo von dem Pyrenäen-Pass der via Domitia entfernt[43]).

Agrippa wird natürlich consequent auch bei dieser Bestimmung als Grenzort der Tarraconensischen und Baetischen Provinz nicht Castulo, sondern Carthago nova angenommen haben und demgemäss wieder zu einem Resultat gelangt sein, welches dem Plinius unverständlich, ja beinahe fehlerhaft erschien und deshalb von ihm absichtlich mit Stillschweigen übergangen wurde. Nach den Itineraren von Vicarello beträgt die Entfernung Neu-Carthago's von den Pyrenäen 529 oder 530 Milien. So hoch etwa wird Agrippa die Länge der diesseitigen Provinz geschätzt haben. Dieser an und für sich vollkommen sicheren Annahme wird noch zum Ueberfluss eine schlagende Bestätigung zu Theil durch die Dimensuratio, welche wie sonst allenthalben, so offenbar auch hier aus Agrippa schöpfend, die Längsausdehnung von Hispania citerior auf 535 Milien beziffert[44]).

Aus dem von mir soeben entwickelten Gegensatz der in den

---

41) die Handschriften 12.
42) Plin. III, 4, 29. Longitudo citerioris Hispaniae est ad finem Castulonis a Pyrenaeo DCVII m. p.
43) Plinius ist von der Ungenauigkeit nicht frei zu sprechen, die 20 Milien lange Strecke zwischen Castulo und der Baetischen Grenze hier nicht in Rechnung gezogen zu haben.
44) Ueber den Ueberschuss von 5 Milien habe ich bei Besprechung der Dimensionen der Narbonens. Provinz eine Vermuthung geäussert.

Quellen zum Glück mit vorzüglicher Genauigkeit erhaltenen Angaben des Agrippa und des Plinius über die Länge der beiden spanischen Provinzen ergiebt sich mit zweifelloser Gewissheit, dass Agrippa als Ostgrenze Baetica's noch nicht die durch Plinius recht genau bezeichnete, zwischen Murgi und Urci, Illiturgi und Castulo, Sisapo und Carcuvium hindurchgehende Linie kannte, sondern eine weiter östlich liegende, welche in unmittelbarer Nähe Carthago's das Meer erreichte. Ueber den Verlauf dieser älteren Grenzlinie belehren uns etwas genauer die spärlichen Nachrichten aus dem letzten Jahrhundert der römischen Republik. Wenn uns von Caesar der saltus Castulonensis, an dessen Identität mit der Sierra Morena wohl Niemand mehr zweifeln kann[45], als Grenze der beiden spanischen Provinzen bezeichnet wird[46], so kann das für eine unbefangene Interpretation doch nur so viel heissen: Der Nordabhang der Sierra Morena gehörte zu Hispania citerior, der Südabhang, also das ganze obere Baetis - Thal mit Castulo zur jenseitigen Provinz. Die Ostgrenze ging nach der klaren Versicherung Artemidor's und den augenscheinlich aus Agrippa's Werke stammenden Angaben bei Orosius und Dicuil an den Baetisquellen auf dem Saltus Tugiensis la Sagra, vorüber nach dem Saltus Carthaginiensis (Sierra de Almenara) und endete wenig westlich von Carthago am Meere[47]. Carthago, wiewohl damals Hauptstadt der diesseitigen Provinz, war zugleich ihr Grenzort[48].

Auch in späterer Zeit, als die Grenzverhältnisse bereits in

---

45) Schon eine gute Interpretation der Stellen Liv. XXII, 20. XXVI, 20. XXVII, 20. Cic. ad fam X, 31 muss dies lehren. Völlig entscheidend aber ist die Inschrift C. I. L. II 3270, welche die Castulonenser dem Procurator Torius zu Ehren aufstellten, ‚quod . . . . viam, quae per Castulonensem saltum Sisaponem ducit, adsiduis imbribrus corruptam munivit'.
46) Caes. b. Civ. I, 38.
47) Artemidor bei Steph. Byz. s. v. 'Ιβηρία und Const. Porphyrog. de admin. imp. 23. Hispania citerior διατείνουσα ἀπὸ τῶν Πυρηναίων ὀρῶν ἅπασα μέχρι τῆς καινῆς Καρχηδόνος καὶ τῶν τοῦ Βαίτιος πηγῶν. Orosius I, 2, p. 26 H. Hispaniam citeriorem . . . posita in nostri maris litore Carthago determinat. Dicuil. I, 4 nach Parthey. (Baetica) finitur ab oriente saltu Carthaginiensi. Dieses Gebirge, an dessen Existenz Letronne zu zweifeln scheint, erwähnt auch Strabo III, 4, 10, p. 161. ὁ δρυμὸς ὁ ὑπερκείμενος τῆς . . . Καρχηδονίας.
48) Liv. XL, 41. Hübner im Hermes V, S. 106.

der Art geordnet waren, wie sie Plinius uns vorführt, stossen wir noch auf Spuren, welche einen ehemaligen Zusammenhang des oberen Baetis-Thales und der zwischen Neu-Carthago und Murgi liegenden Küste mit der Baetis-Provinz zu verrathen scheinen. An der Küste der Tarraconensischen Provinz zwischen Urci und Carthago lag das Städtchen Barea (j. Vera). Die überraschende Notiz des Plinius[49] ‚adscriptum Baeticae' lehrt uns, dass dieser Ort eine zur Baetis-Provinz gehörige Enclave mitten im Gebiet des Carthagischen Convents war. Wenn die Römer zur Zeit der Selbständigkeit Mauritaniens einige Küstenplätze dieses Landes für sich behielten, so finden wir es sehr natürlich, dass sie diese einzelnen Punkte, welche unmöglich einen eignen Verwaltungsbezirk bilden konnten, je nach ihrer Lage entweder der Baetischen oder der Tarraconensischen Provinz überwiesen[50]. Wenn sie aber von einer eignen Provinz eine Stadt loslösten, um sie der benachbarten als Enclave beizugeben, so müssen für dieses Verfahren ganz besondere Gründe entscheidend gewesen sein. Es muss ein alter Zusammenhang zwischen Barea und der Baetis-Provinz bestanden haben, den man nicht ohne Schädigung irgend welcher Interessen lösen konnte. Wie aber konnte solch ein Zusammenhang sich bilden, wenn Barea immer vom Gebiet der diesseitigen Provinz umschlossen gewesen wäre? Das wahrscheinlichste ist, dass zu der Zeit, als die Grenzen von Hispania ulterior östlich bis über Barea hinaus sich erstreckten, dieser Ort in einem Abhängigkeits-Verhältniss zu irgend einer Baetischen Stadt stand, deren Interessen die Römer so sehr begünstigten, dass sie ihr auch später bei der Beschränkung Baetica's auf die westlichere, zwischen Murgi und Urci das Meer erreichende Grenze die ihr untergebene Stadt nicht entziehen wollten, sondern es vorzogen, sie bei der Baetis-Provinz zu belassen.

In demselben Sinne wird die schon von Hübner mit Verwunderung bemerkte Thatsache zu erklären sein, dass wir noch

---

49) Plin. III, 4, 19.
50) Plin. V, 1, 3. col. Aug. Zilis, regum dicioni exempta et iura in Baeticam petere iussa. Aehnlich scheint das Verhältniss Icosium's zur Tarraconensischen Provinz gewesen zu sein. Plin. III, 4, 19.

in der ersten Kaiserzeit sowohl zu Castulo wie zu Acci, also in Orten, welche nach Plinius zur Tarraconensichen Provinz gehörten, Spuren eines sacralen Verbandes mit Baetica entdecken können[51]). Haben wir hier vielleicht Nichts Anderes vor uns als die im Alterthum so oft wiederkehrende Erscheinung, dass religiöse Institutionen politische Ordnungen überdauern und, wenn diese längst geschwunden sind, allein die Erinnerung an sie noch lebendig erhalten? Allerdings ist es hier doppelt überraschend zu sehen, wie selbst nach der Abtrennung des oberen Baetis-Gebietes von der Baetis-Provinz, die alte sacrale Vereinigung beider noch die Grundlage bildete für den erst neu sich entwickelnden, noch dazu für das politische Leben der Provinzen keineswegs bedeutungslosen Augustus-Cult.

Alle die eben erörterten Thatsachen sprechen deutlich für eine dauernde Verbindung des oberen Baetis-Thales mit der Baetis-Provinz. Das älteste mir bekannte Zeugniss, dass Baetica's Ost-Grenze, später enger werdend, mehr nach W. rückte, sind die aus dem Jahre 2 v. Chr. stammenden Meilensteine der Kunst-Strasse, welche Augustus ‚ab Jano qui est ad Baetem' oder ‚ab arcu, unde incipit Baetica, ad Oceanum' anlegte[52]). Wenn auch grade die Meilensäule, auf welcher dieser Janus ausdrücklich als Grenzmarke Baetica's bezeichnet wird, erst der Zeit Domitian's (90 n. Chr.) angehört, so beweist doch der Umstand, dass er schon auf den Augusteischen Meilensteinen als Anfangspunkt der Strasse und ihrer Milienzählung erscheint, ausreichend, dass er bereits damals auf der Grenze Baetica's stand[53]).

Wenn nun Agrippa diese neuere von Plinius in ihrem ganzen Verlaufe genauer bezeichnete Grenze noch nicht kannte, sondern gemäss der alten, republikanischen Eintheilung die Grenzlinie

---

51) C. I. L. II, 3278. 3395.

52) C. I. L. II 4701. 4703. 4721. Vielleicht an diesen s. w. von Castulo stehenden Janus, sicherlich nicht an den saltus Castulonensis dachte Strabo III, 4, 20 p. 166 ὅριον δ'αὐτῆς (Baetica's) τιθείκασι πρὸς ἠῶ πλησίον Καστλῶνος.

53) Diese via Augusta folgte übrigens nach Strabo III, 4, 9 p. 160 beinahe ganz dem Gange einer älteren. Niemand wird sich daher wundern, wenn Agrippa's Zahlen für die Länge der älteren Strasse fast genau übereinstimmen mit den Ziffern der Itinerare für die via Augusta.

unmittelbar bei Carthago das Meer erreichen liess, so ergeben sich daraus zwei wichtige Folgerungen:

1. Die neue Abgrenzung Baetica's gegen die diesseitige Provinz fällt in die Zeit zwischen dem Tode Agrippa's (12 v. Chr.) und dem Neubau der Strasse ‚ab Jano et Baete ad Oceanum' (2 v. Chr.).

2. Plinius kann die Mittheilungen über die Abgrenzung der spanischen Provinzen nicht aus Agrippa geschöpft haben [54]). Darauf deutet auch der Umstand hin, dass Agrippa und alle von ihm abhängigen Quellen, aber auch nur diese, als dritten Theil Spaniens neben die diesseitige und jenseitige Provinz den Complex von Lusitanien, Gallaecien und Asturien setzen.

Nur an einer kurzen, allgemein gehaltenen Stelle, welche wohl auf Agrippa zurückzuführen ist, scheint auch bei Plinius diese Anschauung vorzuwalten. Nachdem er bemerkt hat, dass Spanien in das dies- und jenseitige, letzteres wieder in die beiden Provinzen Baetica und Lusitania zerfalle, sagt er III, 2, 6: ‚Tarraconensis autem adfixa Pyrenaeo totoque eius a latere decurrens et simul ad Gallicum oceanum Iberico a mari transversa se pandens Solorio monte et Oretanis iugis (Sierra Morena) Carpetanisque (Sierra de Gredos) et Asturum a Baetica atque Lusitania distinguitur.' Mag man nun in den iuga Asturum die Montañas de Leon oder einen östlicheren Bergzug wiedererkennen, so viel ist gewiss, dass hier ganz Gallaecien und wohl auch Asturien mit zu dem dritten, westlichsten Theile Spaniens, nicht zur Tarraconens. Provinz gerechnet wird [55]). Ohne Zweifel stimmt die ganze Stelle weit besser mit den von Plinius unter Agrippa's Namen angeführten Nachrichten über die Eintheilung Spaniens und die Begrenzung seiner Provinzen überein, als mit der von Plinius sonst streng und unwandelbar festgehaltenen, auch von Strabo mitge-

---

54) Wir haben kaum nöthig uns nun nach einer anderen Quelle für diese Notizen des Plinius umzusehen, da der Schriftsteller unter Vespasian Procurator in der Tarraconens. Provinz war, also deren Grenzen selbst auf das Genaueste kennen musste.

55) Vielleicht deutet die Inschrift C. I. L. II 2422, in welcher schon Hübner einen Beweis für einen minder engen Zusammenhang Gallaeciens mit der Tarraconensis erblickte, auf eine völlige provinzielle Selbständigkeit Gallaeciens in den letzten Decennien vor Beginn der christlichen Aera.

theilten, späteren Provinzial-Eintheilung, nach welcher Asturien und Gallaecien zur Tarraconensischen Provinz gehören, und Lusitanien auf das Land zwischen Durius und Anas beschränkt ist. Unsere Kenntnisse der spanischen Verhältnisse während der Regierung des Augustus sind zu lückenhaft und unsicher, als dass man den Versuch wagen könnte, von der Entwickelung der Provinzial-Eintheilung eine zusammenhängende Darstellung zu geben. Nur so viel glaube ich als gewiss annehmen zu können, dass die definitive Eintheilung und Abgrenzung der Provinzen, wie sie uns seit Strabo und Plinius constant vorliegt, noch nicht 27 v. Chr. geschaffen wurde [56]), sondern später, vielleicht erst unter Tiberius [57]). Wie wir vernehmen, [58]) ging dieser abschliessenden Regelung der Provinzial-Eintheilung eine Periode vorher, in welcher öftere Veränderungen eintraten. In diese Zeit fällt dann auch die wohl nicht lange bestehende Gliederung Spaniens, welche die Agrippa-Fragmente uns vorführen.

Ehe wir zur Prüfung der Dimensions-Angaben Agrippa's für die spanischen Provinzen zurückkehren, müssen wir versuchen, nach den dürftigen Mittheilungen der Dimensuratio wenigstens in ungefähren Umrissen das Bild zu skizziren, welches dieser Mann von Spanien hatte. Wenn wir erfahren, dass nach ihm der ganze Norden und Westen Spaniens vom Ocean umfasst wurde, dass das Mittelmeer vom Fusse der Pyrenäen bis zu den Säulen des Herkules den Süden dieses Landes bespülte, während seine Ostseite durch die Mauer der Pyrenäen geschlossen war, so kann es uns nicht entgehen, dass Agrippa genau dieselben Vorstellungen von der Gestalt und Lage der spanischen Halbinsel hatte wie Strabo [59]). Halten wir diese Anschauungen fest, so wird es uns, da Agrippa die Ausdehnung eines Landes von O. nach W. als Länge, die von S. nach N. als Breite zu bezeichnen pflegt, nicht schwer fallen, seine Dimensions-Angaben zu verstehen.

---

56) Dies glaubt Marquardt. Röm. Staatsverwaltung. I, S. 102.
57) Th. Mommsen. Res gestae Divi Augusti ex mon. Ancyr. S. 83.
58) Strabo III, 4, 19 p. 166. ἄλλοτε δ' ἄλλως διαιροῦσι πρὸς τοὺς καιροὺς πολιτευόμενοι. Plin. III, 3, 16 mutato provinciarum modo.
59) Strabo III, 1, 3 p. 137 und dazu Tafel III in C. Müller's Ausgabe.

Für die Länge der Tarraconensischen Provinz hatte Plinius, wie oben gezeigt wurde, die für ihre neuere Abgrenzung nicht mehr passende Angabe Agrippa's stillschweigend übergangen und durch eine von ihm selbst berechnete Ziffer ersetzt. Bei der Bestimmung der Breite durch Agrippa war kein Anlass zu einer solchen Abweichung vorhanden. Es ist deshalb sehr wohl möglich, dass die correcte Mittheilung des Plinius über die Breite des diesseitigen Spaniens von Agrippa stammt. Sie lautet[60]): ‚Latitudo a Tarracone ad litus Oiarsonis CCCVII (m. p.)[61]), e radicibus Pyrenaei, ubi cuneatur angustiis inter duo maria, paullatim deinde se pandens, qua contingit ulteriorem Hispaniam, tantundem et amplius latitudini adicit.' Wir würden mit grösserer Bestimmtheit über die an sich recht wahrscheinliche Herleitung dieser Stelle aus Agrippa urtheilen können, wenn nicht der entsprechende Abschnitt der Dimensuratio eine völlig verdorbene Ziffer (183 m. p.) enthielte.

Für die Bestimmung der Breite Baetica's konnte Agrippa kaum eine andere Linie wählen als die nach seiner Vorstellung von den Säulen des Herkules sofort nördlich gehende Küste des Oceans zwischen Carteia und der Mündung des Anas, welcher die Grenze gegen Lusitanien bildete. Die einzige Strasse, welche er hier seiner Maassbestimmung zu Grunde legen konnte, folgte bis Cadix beständig dem Meeresufer, musste aber dann in weitem, bis Sevilla nördlich reichendem Bogen den im Mündungsgebiet des Guadalquivir beginnenden und weiter westlich fast über den ganzen Küstensaum der Provinz Huelva sich ausbreitenden Marismas ausweichen und gelangte so erst auf langem Umwege an die Guadiana-Mündung. Ihr Itinerar ist folgendes [62]):

Carteia (el Rocadillo).
Portus Albus (Algesiras). . . . . 6 m. p.
Belo Claudia (Bolenia).. . . . . 28 „ „
                                                Latus 34 m. p.

60) Plin. III, 4, 29.
61) Auch diese Dimensionsbestimmung der Tarracon. Provinz beruht auf einem Itinerar. vergl. Strabo III, 4, 10 p. 161.
62) Die Strecke Gades-Hispalis nach den Itineraren von Vicarello. Die Entfernung Ilipa's von Esuris ist auf Vogel's Karte im Stieler'schen Atlas (1 : 1,500000) nachgemessen, da kein Itinerar sie mittheilt. Alles Uebrige nach It. Ant. p. 407. 408. 413. 431. 432.

Transport	34 m. p.
Baesippo (Barbate)	12 „ „
Mercablo (bei Conil)	16 „ „
ad pontem	12 „ „
Hispalis (Sevilla)	88 „ „
Italica (Santiponce)	6 „ „
Tucci (Tejada)	18 „ „
Ilipa (Niebla)	22 „ „
Esuris	48 „ „
	256 m. p.

Man könnte die auffallende Uebereinstimmung dieses Routiers mit Agrippa's Angabe für die Breite Baetica's (257 oder 258 m. p.) vielleicht trotz des abnormen Umweges der zu Grunde liegenden Strasse für zufällig halten, wenn es irgend einen anderen Schlüssel für die Erklärung der Ziffer Agrippa's gäbe. Da aber diese Zahl wegen ihrer schon dem Plinius [64] verdächtigen Höhe sich mit keiner kürzeren Verbindungslinie zwischen Carteia und der Anas-Mündung, am allerwenigsten aber mit der Luftdistanz beider Orte in Vergleich bringen lässt, wird man in ihr einen um so schlagenderen Beweis für die Herkunft der Dimensions-Bestimmungen Agrippa's aus Itineraren erkennen.

Für den dritten Theil Spaniens, welcher den ganzen Westen, Lusitanien, Gallaecien und Asturien umfasste, ist die Prüfung der recht unsicher überlieferten Angaben Agrippa's durch den Mangel zuverlässiger und vollständiger Itinerare sehr erschwert. Als die Länge, d. h. als die Ausdehnung dieses Complexes von Provinzen von W. nach O. konnte Agrippa bei seinen Anschauungen von der Gestalt und Lage der Pyrenäen-Halbinsel etwa eine vom Ocean nach der Ostgrenze Asturiens parallel der Mittelmeerküste gezogene Linie ansehen. Die einzige dafür verwendbare Route in unseren Itineraren ist folgende: [65]

---

[64] Plinius setzt der Angabe Agrippa's eine eigene, wohl anf nautischen Messungen beruhende Ziffer (234 m. p.) gegenüber.
[65] It. Ant. p. 417. 418. 433. 434. 439. 448. 453. Erst von Emerita an ist das Itinerar correct und sicher. Die Entfernungsangaben von Caetobrig bis Salacia und von Ebora ad Adrum flumen beruhen nur auf Messung nach der Vogel'schen Karte im Stieler'schen Atlas.

Caetobriga (Setubal) Malececa (Mareteca)	14 m. p.
Salacia (Alcacer do Sal)	19 ,, ,,
Ebora (Evora)	44 ,, ,,
ad Adrum flumen (Badajoz)	99 ,, ,,
Augusta Emerita (Merida)	38 ,, ,,
Salmantica (Salamanca)	183 ,, ,,
Ocelum Durii	42 ,, ,,
Augusta Asturica (Astorga)	88 ,, ,,
Interamnium (Confluenz von Esla und Bernesga)	29 ,, ,,
bis zur Ostgrenze Asturiens etwa	28 ,, ,,
	584 m. p.

Obgleich diese Zahl mit der Angabe der Dimensuratio für die Länge des westlichen Spaniens (580 m. p.) recht gut übereinstimmt und auch die Annahme, dass die Ziffer des Plinius DXXXX nur eine Corruptel von DLXXX sei, nicht allzu verwegen erscheinen würde, wage ich doch nicht mit Sicherheit zu hoffen, dass es mir hier gelungen ist, Agrippa's Spuren wirklich aufzudecken. Sowohl der Gegenstand der Untersuchung als deren Mittel sind hier zu unsicher.

Nicht viel besser steht es mit der Breiten-Bestimmung desselben Gebietes. Nach Agrippa's Vorstellungen musste eine Linie von Brigantium (La Coruña) nach dem Anas am besten die Ausdehnung dieses Gebietes von N. nach S. repräsentiren. Dafür bietet sich nur ein Itinerar: [65]

Metellinum (Medellin)	
Augusta Emerita (Merida)	24 m. p.
Tubucci (Abrantes)	126 ,, ,,
Scallabis (Santarem)	36 ,, ,,
Conembriga (Condeixa)	66 ,, ,,
Aeminium (Coimbra)	10 ,, ,,
Langobriga (Ovar)	58 ,, ,,
Latus	320 m. p

---

[65] It. Ant. p. 416. 419—422. 429. 430. Die Handschriften haben zwischen Tubucei und Scallabis 32, zwischen Langobriga und Cale 13. Die Strecke Iria-Brigantium enthält das It. Ant. gar nicht.

	Transport	320 m. p.
Cale (Oporto)		23 „ „
Bracara (Braga)		35 „ „
Tude (Tuy)		43 „ „
Aquis Celenis (Caldas de Rey)		56 „ „
Iria Flavia (el Padron)		12 „ „
Brigantium (la Coruña)	etwa	50 „ „
		539 m. p.

Dieses Resultat tritt der Angabe Agrippa's bei Plinius (536 m. p.) so nahe, dass man versucht ist, sie als richtig überliefert anzuerkennen und die Ziffer der Dimensuratio (585 m. p.) für eine incorrecte Variante zu erklären. Volle Gewissheit aber wird sich auch hier kaum erzielen lassen.

Gallien.

Plin. IV, 31, 105. (Gallia omnis comata uno nomine appellata in tria populorum genera dividitur, amnibus maxime distincta, a Scalde ad Sequanam Belgica, ab eo ad Garumnam Celtica eademque Lugdunensis, inde ad Pyrenaei montis excursum Aquitanica, Aremorica ante dicta.) Universam oram $\overline{XVIII}$ m. p. Agrippa Galliarum inter Rhenum et Pyrenaeum atque oceanum ac montis Cebennam et Jures, quibus Narbonensem Galliam excludit, longitudinem CCCCXX m. p., latitudinem CCCXVIII computavit.

Dicuil I, 2, 1. Gallia comata .... finitur ab oriente flumine Rheno, ab occidente Pyrenaeo, a septentrione oceano mari, a meridie Rhodano et montibus Cebennicis longitudinem. p. DCCCCXXVIII, latitudine CCCLXIII, iuxta Plinium Secundum in quarto libro in long. DCCCCXX, in lat. CCCVIII.

Dim. 20. Gallia comata finitur ab oriente flumine Rheno, ab occidente saltu Pyrenaeo, a septentrione oceano, a meridie Gallia Narbonensi et Aquitanica.

Dim. 21. Gallia Narbonensis et Aquitanica finiuntur ab oriente Alpibus, ab occidente saltu Pyrenaeo, montium catena, a meridie mari Gallico: patet in long. m. p. CCCLXXIII, in lat. CCXL.

Plin. III, 5, 37. Longitudinem provinciae Narbonensis CCCLXX m. p. Agrippa tradit, latitudinem CCXLVIII.

Die Zweitheilung Galliens, welche in diesen Agrippa-Fragmenten uns entgegen tritt, war, seit die Römer in diesem Lande festen Fuss gefasst hatten, von Bedeutung für seine Entwickelung. Auch nach Caesar's Eroberungen, welche die von der Natur geforderte Einheit Galliens politisch ganz verwirklichen zu wollen schienen, machte sich der Unterschied zwischen der in den einheitlichen Organismus der Mittelmeerländer unter Roms Scepter früher hineingezogenen alten Provinz und den neu erworbenen Gebieten so deutlich geltend, dass Augustus, als er im Jahre 22 v. Chr. Gallia Narbonensis dem Senat übergab, für das übrige Gallien, welches, kaum erst unterworfen, noch immer eines festeren Zügels zu bedürfen schien, die Verwaltungsformen einer kaiserlichen Provinz weiter für rathsam erachtete.

Die drei ungefähr durch Loire [66]), Seine und Saône von einander, durch Rhein und Pyrenäen von den Nachbarländern geschiedenen Provinzen Gallia Belgica, G. Lugdunensis und Aquitania fasst Agrippa bei Plinius unter dem Namen G. comata zusammen. [67]) Als die Länge dieses Gebietes musste Agrippa bei seiner Vorstellung, dass die Pyrenäen die westliche, der Rhein die östliche Grenze Galliens umsäume, die Entfernung zwischen dem Nieder-Rhein und den Pyrenäen, als Breite eine Linie von den Grenzen der Narbonensischen Provinz bis zum Canal la Manche betrachten.

Dass Agrippa die Länge von G. comata auf 420 Milien angegeben haben sollte, wie unsere Handschriften und Ausgaben des Plinius bieten, ist ganz undenkbar. Zum Glück lag dem Mönch Dicuil noch eine bessere Handschrift vor, welche die echte Ziffer (920) unverfälscht bewahrt hatte. Zwar wird bei einer Messung der Luftlinie diese Ziffer zu hoch erscheinen. Allein, wenn wir

---

66) Die ethnographische Grenze zwischen Aquitanien und Celtica war, wie Caesar b. G. I, 1 und nach ihm Plinius und Strabo IV, 1, 1 p. 177 berichten, die Garonne. Die Provinz Aquitanien umfasste aber noch etliche Stämme zwischen Garonne und Loire. Strabo IV, 2, 1 p. 189. Orosius I, 2 S. 25 Hav.

67) Die Vereinigung Aquitaniens mit der Narbonens. Provinz ist Nichts als eine Gedankenlosigkeit des Verfassers der Dimensuratio.

— was dem in Spanien beobachteten Verfahren Agrippa's vollkommen entsprechend ist — Itinerar-Angaben zu Grunde legen, kommen wir bei Messung der Strassen, welche Lugdunum Convenarum (St. Bertrand) am Fusse der Pyrenäen mit Castra Vetera (Xanten) verbinden, fast genau auf die von Dicuil überlieferte Ziffer.

Lugdunum Convenarum

Vesunna (Périgueux)	117 Leugen	[68]
Augustoritum (Limoges)	42 „	[69]
Argantomagus (Argenton)	41 „	[70]
Avaricum (Bourges)	42 „	[71]
über Nevirnum (Nevers) nach Autessiodurum (Auxerre)	74 „	[72]
Durocortorum (Reims)	86 „	[73]
Augusta Treverorum (Trier)	99 „	[74]
Col. Agrippina (Cöln)	70 „	[75]
Castra Vetera (Xanten)	42 „	[76]

Von den Pyrenäen bis zum Nieder-Rhein 613 Leugen oder $919^{1}/_{2}$ Milie. Bei einem Vergleich dieses Routiers mit der Ziffer Dicuil's kann es wohl keinem Zweifel unterliegen, dass diese statt der durchaus unmöglichen Zahl unserer Handschriften in den Text des Plinius aufzunehmen ist.

Auch in der Ueberlieferung der Angabe Agrippa's für die Breite von G. comata zeigen unsre Quellen keine Uebereinstimmung. Dicuil bietet 363, Plinius 318 Milien. Am meisten empfahl sich für die Bestimmung der Breite ohne Zweifel eine Linie von Lyon zur Seine-Mündung. Mit Hülfe der Itinerare der

---

[68] It. Ant. p. 461—463.
[69] It. Ant. p. 461—462 XXXXIX. Tab. Peut. XXVIII.
[70] It. Ant. p. 462 XXI. Tab. Peut. XXIV.
[71] Tab. Peut.
[72] Kiepert verzeichnet diesen in den Itineraren fehlenden, aber für das centrale Gallien unentbehrlichen Strassenzug.
[73] It. Ant. p. 361—362.
[74] It. Ant. p. 365—366.
[75] It Ant. p 372—373. Zeile 373, 3 ist interpolirt, wie die Tab. Peut. zeigt. vgl. Desjardins. Géogr. de la Gaule, p. 110—112.
[76] It. Ant. p. 254. 255.

zum Theil von ihm selbst angelegten[77]) Strassen auf dieser Strecke musste Agrippa die Entfernung Lugdunums von Caracotinum (Harfleur) auf 418 Milien veranschlagen. Denn es sind:

von Lugdunum (Lyon) über Augustodunum
(Autun) nach Agedincum (Sens) . . . . 158 Leugen
von da bis Condate (Montereau) . . . . 16 „ [78])
von da über Lutetia (Paris), Rotomagus (Rouen)
nach Caracotinum (Harfleur) 105
279 Leugen

oder 418½ Milie. Diese Zahl CCCCXVIII, welche der des Plinius CCCXVIII, wie der Dicuil's CCCLXIII graphisch sehr nahe steht, möchte ich in dem Agrippa-Fragmente wiederherstellen. Die Ziffern 318 und 363 könnten höchstens für die Entfernung einiger Punkte des Rheinlaufes vom Canal annähernd passend gefunden werden. Genau sind sie auf keine der Strassen zutreffend, welche von Augusta Rauracorum, Argentoratum, Bingium, Confluentes, Col. Agrippina nach dem Meere führten.

Mit grösserer Gewissheit lassen sich Agrippa's Angaben für die Dimensionen der Narbonens. Provinz feststellen und erklären. Wenn er deren Breite auf 248 Milien veranschlagte, so gab er offenbar nur die Länge der Strasse von Arelate längs der Rhone bis Genf an, deren Itinerar recht gut und sicher überliefert ist.

Arelate (Arles)
Avenio (Avignon) . . . . 21 M.
Arausio (Orange) . . . . 17 „ [79])
Vienna (Vienne) . . . . 110 „
Gennava (Genf) . . . . 100 „
248 M.

Für die Bestimmung der Länge der Provinz war die Strasse vom Pyrenäen-Pass von Bellegarde zum Mont-Genèvre besonders geeignet. Auf ihr gelangte man:

---

77) Strabo IV, 6, 11 p. 208.
78) Die einzige in den Itinerarien nicht richtig (It. Ant p. .383, 4 XVI m. p.) verzeichnete Distanz dieser sonst überraschend correct überlieferten Route. Tab. Peut. It. Ant. p. 359. 360. 381—383.
79) Tab. Peut. XV. It. Hieros p. 553 XX. XVII Bertrand. Rev. arch 1863. n. s. VIII. p. 151. Sonst s. Tab. Peut. It. Ant. p. 358. 346.

Von der Passhöhe (Bellegarde) über Narbo, Nemausus,
Ugernum (Beaucaire) nach Arelate . . . . 180 M.
von da durch das Durance - Thal nach Brigantio
(Briançon) . . . . 198 M.
                                                   378 M.[80])

Nur eine Differenz von 5 Milien trennt dieses aus den Itinerarien gewonnene Resultat von der Ziffer Agrippa's. Wir würden diese kleine Abweichung auf sich beruhen lassen, wenn nicht der Umstand, dass seine Angabe für die Länge der Tarraconens. Provinz genau um ebenso viele Milien die Ziffern aus den Itinerarien übertrifft[81]), wie die für die Länge der Narbonensischen Provinz hinter ihnen zurückbleibt, eine Erklärung ¦oder vielmehr eine Beseitigung dieser Differenz nahe legte. Sollte vielleicht die Nord-Grenze Spaniens nicht genau über die Passhöhe des Col de Perthus gegangen sein, sondern 5 Milien weiter auf den Nordabhang des Gebirges hinübergegriffen haben? Undenkbar wäre es nicht, dass die Römer nach der Ueberwältigung Spaniens den Pass nach dem damals noch freien Gallien völlig in ihre Gewalt brachten, indem sie die Grenze Spaniens 5 Milien weit über den Pass hinaus vorschoben. Mit dieser Vermuthung steht die Thatsache sehr gut im Einklang, dass der 180ste Meilenstein der Strasse von der Nordgrenze Spaniens nach Neu-Carthago nur 174—175 Milien vom Pass von Perthus entfernt bei Villaseca unweit Tarragona aufgefunden worden ist[82]).

Die von Agrippa für die Ausdehnung der vom Ocean bespülten Küste Frankreichs. von den Pyrenäen bis zur Rhein-Mündung gegebene Ziffer (1800 Milien) ist so hoch gegriffen, dass ich, selbst wenn ich an die knapp den Küsten sich anschliessenden Schiffstagebücher der Alten denke und noch die Ufer der grossen Fluss-Aestuarien in die Küstenlinie mit hineinziehe, den Zweifel

---

80) Itinerare von Vicarello. Henzen 5210. Tab. Peut. It. Ant. 396. 397. 388—390. 357. Itin. Hieros, p. 552—555.
81) s. S. 22.
82) C. I. L. II. 4953. Nach den Itineraren von Vicarello war Tarraco von der Station in summo Pyrenaeo 168 Milien entfernt. Villaseca liegt nur 10 Kilometer südlicher.

an der richtigen Ueberlieferung dieser Zahl nicht ganz zu unterdrücken vermag [83]).

Italien.

Dim. 14. Pars Italiae finitur ab oriente mari Adriatico et freto, quod est inter Siciliam et Italiam, ab occidente urbe Roma, a septentrione sinu Adriatico, a meridie mari Tyrrhenico. Patet in long. m. p. CCCXLVIII, in lat. m. p. CCXXIIII.

Dim. 15. Pars Italiae ad Alpes finitur ab oriente Istria et Carnia, ab occidente iugis Alpium, a septentrione sinu Adriatico, a meridie mari Ligustico et Tyrrhenico: cuius spatia in long. m. p. DCCCXX, in lat. m. p. CCCXXX.

Plin. III, 15, 96. Promontorium Lacinium a Caulone abesse LXX m. p. prodidit Agrippa.

Obgleich nur ein einziges Fragment über die Apenninen-Halbinsel unter Agrippa's Namen uns erhalten ist, wird es doch grade bei ihr möglich sein, manche antike Angabe mit Evidenz oder wenigstens mit Wahrscheinlichkeit auf dieselbe Quelle zurückzuführen[84]).

Ganz stereotyp waren in Agrippa's Werke die Angaben über die Dimensionen der Länder nach longitudo und latitudo. Für alle Theile der alten Welt haben sich diese Daten bei Plinius und in der Dimensuratio erhalten. Man wird demnach kaum irre gehen, wenn man auch die Ziffern des Plinius über Breite und Länge Italiens dem Agrippa zuweist. Einen besonderen Anhalt dafür bietet der Umstand, dass die dem Agrippa, wie wir bisher stets beobachten konnten, recht eigenthümliche Methode, solche Dimensionsbestimmungen aus Itinerarien herauszurechnen, bei diesen Angaben ungewöhnlich deutlich hervortritt.

---

83) Marcianus v. Heraclea liefert für die Ausdehnung dieser Küste, wie gewöhnlich, eine Minimal- und eine Maximal-Angabe. Aber selbst letztere (12020 Stadien oder 1502 Milien) bleibt noch weit hinter der angeblichen Ziffer Agrippa's zurück. Geogr. Gr. min. ed. Müller I p 553/4.

84) Wenn Plinius III, 6, 46 als seine Hauptquelle für die Beschreibung Italiens den divus Augustus nennt, so bezeichnet er, wie Zumpt Comm. epigr. I, p. !96 schon vermuthet hat, vielleicht damit das Werk Agrippa's, an dessen Publication Augustus gewiss einen ähnlichen Antheil hatte wie an der Ausführung der Weltkarte.

Plin. III, 6, 43. Patet (Italia) longitudine ab Alpino fine Praetoriae Augustae, per urbem Capuamque cursu meante, Rhegium oppidum in umero eius situm, a quo velut cervicis incipit flexus, deciens centena et viginti m. p., multoque amplior mensura fieret Lacinium usque, ni talis obliquitas in latus digredi videretur.

Die Itinerare bieten folgende Route [85]:

Augusta Praetoria	
Mediolanum	128 M.
Roma	433 „
ad Columnam	455 „
	1016 M.

Rechnet man noch die kleine Entfernung hinzu, welche die Station ad Columnam von Rhegium trennte, so ergiebt sich wirklich die von Plinius als Länge Italiens betrachtete, offenbar rein aus Itineraren gewonnene Ziffer von 1020 M.

Dieser Längenbestimmung entspricht vollkommen die Art, wie Plinius (III, 23, 132) das Maximum der Breite Italiens zwischen Varus und Arsia ermittelt.

Latitudo Italiae supter radices Alpium a Varo per Vada Sabatia, Taurinos, Comum, Brixiam, Veronam, Vicetiam, Opitergium, Aquileiam, Tergeste, Polam, Arsiam DCCXLV m. p. colligit.

Wenn wir unsere Itinerare, die zur Berechnung dieser Route nicht vollkommen ausreichen, durch Nachmessen der Strecke von Augusta Taurinorum bis Aquae Statiellae ergänzen, kommen wir zu folgendem Resultate:

Arsia fl.	
Pola	14 M.
Aquileia	101 „
Concordia	31 „
Opitergium	20 „
Vicetia	53 „
Bergomum	133 „
Comum	35 „
Latus	387 M.

---

[85] Tab. Peut. It. Ant. p. 344. 345. 350. 351. 124—127. 107—111. Henzen 5210. Die correcten Ziffern ergeben sich hier überall leicht.

Transport	387 M.
Mediolanum	28 „
Vercellae	49 „
Aug. Taurinorum	76 „
Aquae Statiellae	75 „
Vada Sabatia	52 „
Varus fl.	98 „
	765 M.[86])

Obgleich die Itinerare, auf welchen diese Zusammenstellung beruht, theils recht zuverlässig überliefert sind, theils sich mit grosser Sicherheit ergänzen und verbessern liessen, scheint mir die gewonnene Zahl nicht hinlänglich festzustehen, um in die Ausgaben des Plinius aufgenommen zu werden. Dass DCCLXV durch einen Fehler der Abschreiber in DCCXLV übergehen konnte, ist allerdings keine zu verwegene Vermuthung.

Ganz andrer Natur sind die von Plinius III, 6, 44 mitgetheilten Ziffern für die Breite Italiens sowohl zwischen Varus und Arsia (410 M.), wie zwischen den Mündungen der Tiber und des Aternus (136 M.). Beide Angaben entsprechen knapp der Luftdistanz zwischen den bezeichneten Punkten. Sie können unmöglich auf Itineraren beruhen. Deshalb ist mir auch ihre Abstammung aus Agrippa sehr zweifelhaft.

Dagegen trägt die Notiz[87]): ‚Latitudo paeninsulae a Tarento Brundisium terreno itinere XXXV m. p. patet' den Charakter einer Itinerar-Angabe wieder so deutlich zur Schau, dass sie zu Agrippa's Art, Dimensionen von Länder zu bestimmen, trefflich passt. Nur wird man XXXV in XXXXV zu ändern haben, da die Entfernung Tarent's von Brundisium kaum kleiner als 9 geographische Meilen ist[88]).

---

86) Tab. Peut. It. Ant. p. 270. 126—128. 281. 278. 344. 340 (Henzen 5210). 294—297. Die Entfernung Opitergiums von Concordia giebt die Tab. Peut. falsch auf 40 m. p., die von Vicetia nach Opitergium auf 33 M. an. Die Ziffer 35 für die Entfernung Comum's von Bergomum ist in der Tafel fälschlich auf die Strecke Comum—Mediolanum übertragen. Auch das It. Ant. giebt diese letzte Distanz um 10 M. zu niedrig an.
87) Plin. III, 16, 99.
88) It. Ant. p. 119, 1 ‚a Brundisio Tarentum ad latus m. p. XLIIII'. Statt des sinnlosen ‚ad latus' hat man, da nicht die Küstenstrasse, sondern offenbar

Noch sind die Mittheilungen der Dimensuratio über die Lage und Grösse Italiens zu beleuchten. Dass die Apenninen-Halbinsel lang in der Richtung von W. nach O. ausgestreckt, im N. vom Adriatischen, im S. vom Ligustischen und Tyrrhenischen Meere bespült werde, ist ein Irrthum, den die Dimensuratio fast mit dem ganzen Alterthume gemein hat. Ganz isolirt dagegen steht sie mit ihrer Eintheilung Italiens in eine n. und s. Hälfte, deren Grenze durch Rom geht. Vielleicht ist es nicht zu gewagt, diese Scheidung in zwei annähernd gleiche Theile mit der Eintheilung Italiens in 11 Regionen unter Augustus in Verbindung zu bringen. Wenn wir die 5 südlichen Regionen (I—V) den 6 nördlichen (VI—XI) gegenüberstellen, finden wir sie getrennt durch eine ziemlich grade Grenzlinie, welche, wenig westlich von Rom beginnend, zwischen Sena und Ancona das Adriatische Meer erreicht. Nehmen wir diese Grenze für die Scheidung der beiden recht ungenügend definirten Theile Italiens in der Dimensuratio an, so wird die Länge des s. Italiens dargestellt durch die schon oben bei einer wahrscheinlich von Agrippa stammenden Dimensions-Angabe verwendete Strasse von Rom nach Rhegium. Ihre Länge betrug CCCCLIX m. p. Diese Zahl stand wohl einst in der Dimensuratio. Die bisher verglichenen Handschriften bieten CCCXLIX m. p., eine Ziffer, deren Erklärung schwerlich Jemandem gelingen dürfte.

Auch die Ziffer für die Breite des s. Italiens (224) scheint nicht ganz correct überliefert zu sein. Selbst wenn wir den längsten Weg vom Tyrrhenischen zum Adriatischen Meere einschlagen und von Sinuessa nach Barium der grossen Strasse folgen, durchmessen wir keine grössere Strecke als 194 Milien.

Auf festerem Boden stehen wir bei dem Versuche die Angabe für die Breite des n. Italiens zu deuten. Von Luna über Lucca, Parma, Mutina, Hostilia, Verona, Patavium nach Altinum zählt das Itinerar 331 Milien[89]). 330 hat die Dimensuratio.

---

* der kürzeste Binnen-Weg gemeint ist, nicht ‚ad litus' sondern ‚intus' zu lesen. Der beste Codex hat ‚itus'.

89) It. Ant. p. 289. 284. 127. 282. 128. Alle Zahlen sind correct ausser der für die Distanz Hostilia's von Modena, welche nicht 50, sondern nur 40 m. p. beträgt.

In Verlegenheit geräth man vor der Längenbestimmung des n. Italiens. Man lege der Messung alle möglichen Strassen zu Grunde, keine wird von Rom bis zur West-Grenze Italiens 820 Milien aufweisen können. Die meiste Wahrscheinlichkeit spricht wohl noch dafür, dass 610 M. zu lesen ist. So weit etwa war auf der grossen Hauptstrasse (via Flaminia und Aemilia) Rom von Brigantio entfernt, dem östlichen Endpunkte der Linie, welche Agrippa seiner Längen-Angabe der Provinz Gallia Narbonensis zu Grunde gelegt hatte[90]).

Die Unsicherheit fast sämmtlicher Zahlen der Dimensuratio für Italien bringt auch in die Frage nach ihrer Herkunft einige Ungewissheit. Indess ist wohl kein Grund vorhanden, grade die 2 Italien betreffenden Abschnitte der Dimensuratio auf eine andere Quelle zurückzuführen als die nachweislich aus Agrippa geflossenen übrigen 28.

Besonderes Interesse erregt in der Plinianischen Beschreibung Italiens ein Periplus seiner Küsten, dessen Theile zwar vereinzelt sind, sich aber schon bei einfacher Zusammenstellung durch ihr genaues in einander Greifen als Glieder einer Kette verrathen, welche nur an zwei Stellen durch kleine und sicher auszufüllende Lücken zerrissen ist. Um die Herkunft dieser sicher ursprünglich zusammenhängenden Küsten-Beschreibung zu ermitteln, müssen wir ein wenig über Italiens Grenzen hinausgreifen und zunächst die Bestimmung des Umfangs des Adriatischen Meeres, ganz wie wir sie bei Plinius finden, hier wiedergeben.

Plin. III, 29, 150 Prom. Acroceraunium

Drinius fl.	175 M.
Arsia fl.	530 „
Latus	705 M.

---

[90]) Henzen 5210. Tab. Peut. It. Ant. p. 340/1. Die Narbonensische Provinz und die 11te Region Italiens grenzten hier nicht unmittelbar an einander, sondern waren geschieden durch das Reich des Cottius. Da Agrippa für dieses Ländchen keine besonderen Maasse angiebt, wird er seinen w. Theil zu Gallien, seinen östlichen zu Italien gerechnet haben. Die Grenzlinie Galliens und Italiens kann dann nur durch Brigantio oder sehr wenig östlich an ihm vorüber gegangen sein. Denn Scingomagus, welches zwischen Briançon und dem Col de Genèvre, 28 Milien von Ocelum (Oulx) entfernt, mitten im Reiche des Cottius lag, pflegte man schon zu Italien zu rechnen. Strabo IV, 1, 3 p. 179.

Transport	705 M.
23, 129 Formio amnis.	40 [91])
22, 127 Ravenna.	189 M.
20, 115 Ancona	105 „
18, 111 prom. montis Gargani	183 „
16, 103 prom. Japygium	234 „
16, 100 Callipolis	32 „
Tarentum	75 „
16, 99 prom. Lacinium	136 „
vom Akroceraun. zum Lacin. Vorgebirge.	1699 M.

Aiese beiden Vorgebirge galten für die Endpunkte der Küsten des Adriatischen Busens, wie der Satz des Plinius (III, 15, 97) beweist: ‚A Lacinio promontorio secundus Europae sinus incipit magno ambitu flexus et Acroceraunio Epiri finitus promontorio'.

Von den eben zusammengestellten Distanz-Angaben werden die zwei ersten von Plinius ausdrücklich als Notizen Agrippa's bezeichnet. Dass auch die übrigen derselben Quelle entnommen sind, zeigt, wenn nicht schon die Genauigkeit, mit welcher ein Glied an das andere sich fügt, so doch ganz unwiderleglich ein Vergleich der aus diesen Einzel-Angaben resultirenden Ziffer für den Umfang des Adriatischen Meeres mit den Worten des Plinius (III, 29, 150): ‚Universum autem sinum Italiae et Illyrici ambitu XVII passuum Agrippa prodidit'.

Schreiten wir fort zur Bestimmung des Küsten-Umfangs von Italien.

Arsia fl.

(nach Agrippa. s. o.) prom. Lacinium	994 M.
Plin. III, 15, 96 Caulo	70 „
Latus	1064 M.

---

[91]) Wer die Dimensionen des Adriatischen Meeres angiebt, wird, um nicht für den Umfang eine übermässig hohe, einen minder kundigen Leser zu falschen Vorstellungen leitende Ziffer zu erlangen, darauf verzichten müssen, den Umrissen der zahlreichen Halbinseln im O. und N. dieses Meeres nachzugehen. Er wird stets nur den Isthmus, die Breite der Halbinseln in den Umfang des Adriat. Busens mit einrechnen. Die Breite Istriens aber ist gegeben durch die von der Mündung des Arsiaflüsschens zu der des Forinio hinziehende, 40 m. p. lange Nordgrenze. Plin. III, 22, 127, 23, 129.

	Transport	1064 M.
Locri Epizephyrii.		24 [92])
10, 74 Silarus		303 M.
prom. Minervae		35 [92])
9, 62 Circei		78 M.
9, 56 Tiberis amnis		50 „
8, 51 Macra amnis		284 „
7, 49 Varus amnis		211 „
Vom Arsia-Fluss zum Varus.		2049 M.

Ich stelle dieser durch Summirung der Einzel-Ziffern gewonnenen Umfangsbestimmung Italiens den Satz des Plinius (III, 6, 44) gegenüber: ‚Universae autem (Italiae) ambitus a Varo ad Arsiam $\overline{XX}$ XLIX passuum efficit'[93]). Da Plinius selbst ausdrücklich angiebt, dass von den Einzel-Ziffern die für die Strecke Caulon — Locri aus Agrippa entnommen ist, und die für die Entfernung zwischen dem Arsia-Fluss und dem Lacin. Vorgebirge sämmtlich soeben als derselben Quelle entstammend erkannt worden sind, kann auch über die Herkunft der anderen Einzel-Ziffern und der mit ihnen genau übereinstimmenden Gesammt-Zahl kein Zweifel obwalten.

Die Notizen des Plinius über die Ausdehnung der Küsten Italiens und Illyricums sind Reste aus dem Werke Agrippa's.

Diese Thatsache ist besonders wichtig, weil sie ein sicheres Fundament bietet für den Beweis der oft ausgesprochenen, niemals recht begründeten Ansicht, dass der Chorographos, den Strabo bisweilen citirt, mit Agrippa identisch sei [94]).

---

92) Diese von Plinius übergangenen Entfernungs-Angaben habe ich durch genaue, knappe Messung, wie alle anderen Ziffern sie voraussetzen lassen, gewonnen.

93) Solin II, 23 p. 40 M. und Martianus Capella VI, p. 205 Gr. haben die Ziffer richtig erhalten. In den Plinius-Ausgaben ist sie auf Grund der Lesart des Riccardianus in $\overline{XXXLIX}$ corrumpirt. Mommsen hat die echte Ziffer herausgefunden, wiewohl sie ihm unverständlich war. Er schreibt: ‚Re. quiritur tamen pro 2,049000 numerus 2,490000. hunc enim efficit duplicata longitudo p. 1,020000 additis latitudinibus 410000 et 40000'. Wenn man nur die unvollständige Notiz Solin's vor Augen hat, welcher die für die Erklärung entscheidenden Worte ‚a Varo ad Arsiam' auslässt, liegt ein solcher Irrthum allerdings sehr nahe.

94) Schon Heeren de fontibus Strabonis. soc. reg. scient. Gott. recent. V, p. 118 stellte diese Ansicht auf.

Wie wenig der in erster Linie geltend gemachte Umstand, dass alle Entfernungs-Angaben des Chorographen in Milien gefasst sind, ausreicht für den Schluss, dass der Chorograph ein römischer Schriftsteller sei, zeigt das Beispiel Stiehle's der in ihm den so oft nach Milien rechnenden Polybius zu erkennen meint.[95]) Auch ein Vergleich des Titels Chorographia mit Dicuil's Worten ‚divus Augustus per Chorographiam ostendit' ist keineswegs so durchschlagend, wie Müllenhoff anzunehmen scheint[96]). Denn Agrippa's Werk war weder das einzige noch das erste, welches diesen Titel führte. Entschieden wäre die Frage, wenn Heeren's Versicherung Glauben verdiente, dass dieselben Angaben bei Strabo unter dem Namen des Chorographen, bei Plinius unter dem des Agrippa uns vorgeführt würden. So einfache, klar liegende Beweise fehlen uns leider ganz. Wohl aber lassen sich einige Stellen aus dem oben zusammengestellten Periplus Italiens, den wir als ein Stück aus Agrippa's Werke erkannt haben, mit Angaben des von Strabo benützten Chorographen nicht nur vergleichen, sondern identificiren.

Bei Strabo VI, 1, 11 p. 261 giebt der Chorograph den Umfang des Tarentinischen Busens auf 240 Milien an. Aus den einzelnen Ziffern jenes Periplus des Agrippa ergiebt sich für den Tarentinischen Golf eine Küstenausdehnung von 243 Milien. Diese Uebereinstimmung ist um so auffallender, da die Angabe des Plinius (Agrippa) für die Entfernung Tarent's von Callipolis stark übertrieben ist.[97])

Den besten Beweis für die Identität der Chorographen mit Agrippa giebt uns die Stelle Strabo's (VI, 3, 10 p. 285), an welcher

---

[95] Vermuthlich gelangte Stiehle (Philologus XI S. 208.) zu dieser Ansicht, indem er aus den Worten Strabo's II, 4, 1 p 104 Πολύβιος τὴν Εὐρώπην χωρογραφῶν mehr herauslas, als wirklich darin enthalten ist. Das Strabo den Polybius, dessen Namen er so oft nennt, grade an 6 Stellen über Italien und seine Iuseln unter der unklaren Bezeichnung ‚der Chorograph' citirt haben sollte, ist an und für sich schon undenkbar. Genauer wird die specielle Beleuchtung der einzelnen Stellen die Grundlosigkeit dieser Meinung darthun.

[96] Müllenhoff. a. a O. 25.

[97] Vielleicht ist auch bei Plinius III, 16, 99 CCXL zu schreiben, obgleich die Handschriften CCL bieten.

der Chorograph die Entfernung des Garganus von Brundisium auf 165 Milien veranschlagt. Der Periplus des Agrippa gab die Entfernung des Garganus vom Japygischen Vorgebirge auf 234 Milien an. Doch es fehlt nicht an einer Spur, dass er auch genauere Daten über die Ausdehnung einzelner Abschnitte dieser Küste enthielt. Die Mittheilungen des Plinius[98]), dass das Japyg. Vorgebirge von Hydruntum 19 Milien, diese Stadt von Brundisium 50 Milien entfernt gewesen sei, sehen nicht aus wie zusammenhangslose, von jeher isolirte Notizen, sondern scheinen Reste einer genaueren Küstenbeschreibung zu sein. Wenn Agrippa deren Verfasser war, musste er gemäss seiner Gesammt-Ziffer für die Länge der Küste zwischen dem Garganus und dem Japyg. Vorgebirge (234 Milien) der Strecke zwischen den Garganus und Brundisium eine Ausdehnung von 234—50—19, also von 165 Milien geben. Das ist genau die Ziffer, welche Strabo für diesen Küstenabschnitt in seinem Chorographen fand. Bei aufmerksamer Betrachtung dieser überraschenden Uebereinstimmung kann man wohl sich nicht länger der Einsicht verschliessen, dass Strabo hier aus derselben Quelle schöpfte wie Plinius, dass sein Chorograph Niemand anders ist, als Agrippa.

Im unmittelbaren Anschluss an die eben besprochene Stelle citirt Strabo auch die Angabe des Chorographen für die Entfernung des Garganus von Ancona: 234 Milien. Agrippa gab in dem oben zusammengestellten Periplus die Ausdehnung dieser Küste auf 183 Milien an. Diese Zahl bleibt allerdings ein wenig hinter der Wirklichkeit zurück, mag indess doch wohl richtig überliefert sein, da alle anderen Angaben dieser Umfangsbestimmung der italienischen Küsten (mit einer Ausnahme) ebenfalls sehr knapp, zum Theil sogar offenbar zu klein ausgefallen sind. Strabo's Angabe dagegen (254 Milien) ist sicher viel zu hoch und scheint auf einem Irrthum der Abschreiber oder einem Versehen des Schriftstellers zu beruhen. Sollte vielleicht Strabo aus der Zahlenreihe Agrippa's für die Distanz zwischen Ancona und dem Garganus nicht die richtige Ziffer 183 Milien, sondern irrig die nächst vorhergehende 234 (vom Japygischen Vorgebirge zum

---

98) III, 16, 100. 101.

Garganus) herausgegriffen haben und diese durch Irrthum der Abschreiber ($\Sigma N \varDelta$ für $\Sigma \varDelta \varDelta$) in 254 übergegangen sein? Die übrigen Fragmente Agrippa's, welche uns Strabo erhalten hat, betreffen sämmtlich

Die Inseln Italiens.

1.

Sardinien und Corsica.

Dim. 16. Insula Corsica finitur ab oriente promontorio sacro, ab occidente Proturiano (Cod. B[99]) Portuciano), a septentrione Ligustico, a meridie mari Africo: cuius spatia in long. m. p. CXXX, in lat. m. p. XX.

Dim. 17. Sardinia ab oriente Corsica et mari Sardico, a septentrione mari Tyrrhenico, a meridie mari Africo: patet in long. m. p. CCXXX.

Orosius. I, 2. p. 34 H. Tenet autem (Corsica) in longo m. p. CLX, in lato m. XXVI.

Orosius 1, 2 p. 33. 34 H. (Sardinia) in longo spatium tenet m. p. CCXXX, in lato m. CCLXXX (Aethicus: LXXX).

Plin. III, 12,80. Corsica, a septentrione in meridiem proiecta, longa p. CL m. (nach Dicuil's Handschrift CLX), lata maiore ex parte L, circuitu CCCXXV.

Plin. III, 13,84. Sardinia ab oriente patens CLXXXVIII (nach Dicuil CLXXXII) m. p., ab occidente CLXXV, a meridie LXXVII m. a septentrione CXXV, circuitu DLXV m., abest ab Africa Caralitano promontorio CC m., a Gadibus $\overline{\text{XIV}}$.

Strabo V, 2, 7 p. 224. μῆκος δὲ τῆς νήσου (Κύρνου) φησὶν ὁ χωρογράφος μίλια ἑκατὸν ἑξήκοντα, πλάτος δὲ ἑβδομήκοντα.

Strabo V, 2, 7 p, 224. Σαρδόνος δὲ μῆκος διακόσια εἴκοσι πλάτος δὲ ἐνενήκοντα ὀκτώ (φησιν ὁ χωρογράφος).

Strabo V, 2, 8 p. 225. Ἀπό τε τῆς Λιβύης τὸ ἐγγυτάτω δίαρμά φησιν ὁ χωρογράφος εἰς τὴν Σαρδώ μίλια τριακόσια.

Wenn die Dimensuratio, wie wir oben sahen, der Italischen

---

99) Ich folge der von Müllenhoff eingeführten Bezeichnung: A.=Vaticanus 244, B.=Vaticanus 247.

Halbinsel eine Längs-Erstreckung von W. nach O. verlieh und demgemäss im S. ihren westlichen Theil durch das Ligustische, ihren östlicheren durch das Tyrrhenische Meer begrenzt sein liess, werden wir voraussetzen, dass in dieser Schrift auch den Inseln Corsica und Sardinien dieselbe mit der Längen-Axe von W. nach O. gekehrte Richtung gegeben und das sie von Italien trennende Meer als ihre Nordgrenze aufgefasst wurde. Dieser Erwartung entspricht es vollkommen, wenn als Nordgrenze Corsica's das Ligustische, als Nordgrenze Sardiniens das Tyrrhenische Meer bezeichnet wird. Wir ersehen daraus, dass dem Verfasser der Dimensuratio Sardinien als die östlichere Insel erschien und gewinnen so eine sichere Grundlage für die Verbesserung der beiden anscheinend verzweifelt verdorbenen, widerspruchsvollen Abschnitte der kleinen Agrippa-Epitome. Wenn wir wissen, dass in der Vorstellung des Verfassers der Dimensuratio Corsica, der Länge nach von W. nach O. sich ausdehnend, die westlichere von beiden Inseln war, bleibt uns nichts übrig als in dem Satz: ‚finitur ab oriente promontorio sacro, ab occidente Pro(mon)tor(io Mar) iano [100]' die Namen beider Vorgebirge gradezu umzustellen. Das heilige Vorgebirge, die Nordspitze Corsica's (j. Capo Corso) konnte die Dimensuratio nach ihrer Anschauung nur als das w., nimmermehr als das ö. Ende der Insel betrachten. Ebenso konnte das entgegengesetzte, der östlicheren Insel Sardinien zugekehrte Ende (j. Capo Feno) unmöglich als W. Grenze Corsica's aufgefasst werden. Leichter ist die Verbesserung der entsprechenden Notiz bei Sardinien. Dass diese Insel nicht ‚ab oriente Corsica et mari Sardico' begrenzt sein kann in einer Schrift, welche Corsica dem westlicheren, Sardinien dem östlicheren Theile Italiens gegenüber liegen lässt, ist selbstverständlich. Da die Angabe der Grenzen nach den vier Himmelsrichtungen hier offenbar lückenhaft ist, möchte ich lesen: ‚Sardinia ab oriente (mari Tyrrhenico[101]), ab occidente) Corsica et mari Sardico'. Die Folge der falschen Orientirung beider Inseln in der Dimensuratio ist natürlich, dass

---

[100] B. hat Portuciano. Das scheint eher auf Portu Titiano zu deuten.
[101] Dass die Dimensuratio das Tyrrhenische Meer auch als O. Grenze Sardiniens bezeichnen musste, wird sich bei Besprechung ihrer Notiz über Sicilien ergeben.

ihre wirklichen W.-Küsten zu S.-Küsten werden und der Afrikanischen Küste parallel gegenüber liegen müssen. Ferner bleibt, da Corsica w. von Sardinien zu liegen kommt, für das Sarder-Meer kein Platz und es muss sich einschränken lassen auf den schmalen Meeres-Streifen zwischen beiden Inseln, auf die Strasse von Bonifazio. Plinius, selbst ein Seemann, hat schon mit dieser durchaus irrigen Bestimmung der Lage beider Inseln gebrochen und drückt wohl nicht ohne Absicht recht zuversichtlich und deutlich (III, 12, 80) seine Meinung aus: ‚Corsica, a septentrione in meridiem proieeta'.

Ueber die wahre Angabe Agrippa's für die Länge Corsica's kann wohl, da der direct aus seiner Chorographie schöpfende Strabo, die alte von Dicuil benützte Plinius - Handschrift und Orosius sich in der Zahl von 160 Milien vereinigen, kein Zweifel obwalten. Für die Luftdistanz des n. und s. Endes der Insel würde man diese Ziffer etwas zu hoch finden. Desto passender ist sie für die Länge der einzigen Corsica seiner ganzen Länge nach durchziehenden Strasse, welche stets an der Ost-Küste entlang geht. Die alten Itinerare unterstützen uns hier leider so wenig, dass der blossen Nachmessung auf Karten das Meiste überlassen bleibt[102]).

Rogliano
Golo-Mündung (Mariana) . . . . 40 Milien
Tavignano-Mündung (Aleria) . . . . 40 „
Port de Favone (Portus Favoni) . . . . . . 40 „
Sta. Giulia (Palla). . . . . 25 „
S. Bonifazio . . . . 15 „
160 Milien.

Für die keineswegs gleich bleibende Breite der Insel scheint Agrippa mehrere Ziffern angegeben zu haben. Wenigstens sagt Plinius, dass Corsica ‚maiore ex parte' 50 Milien breit sei. Wiewohl diese Zahl schon dem Maximum der Breite Corsica's entspricht, wäre es nicht unmöglich, dass Agrippa die Insel für durchschnittlich 50 Milien breit erklärte und noch ein Maximum von

---

[102] It. Ant. p. 85.

70 M. beifügte. Die Ziffern der Dimensuratio (XX) und des Orosius (XXVI) mögen nur Corruptelen von LXX sein.

Ob die Umfangs-Bestimmung Sardiniens, welche Plinius recht genau und nur für die Nordseite nicht ganz correct uns giebt, aus Agrippa entnommen ist, scheint zum Mindestens sehr zweifelhaft. Das Einzige, was für ihren Ursprung aus Agrippa sprechen könnte, ist ihre Verknüpfung mit der sicher aus dessen Chorographie stammenden Notiz, dass Sardinien von Afrika 200 Milien entfernt sei. Auch bei Strabo, der für die Entfernungsangabe der Insel von Afrika sich ausdrücklich auf den Chorographen beruft, wird man 200 Milien lesen müssen statt der überlieferten 300. Denn grade Agrippa, der sowohl der Apenninen-Halbinsel als den Inseln Corsica und Sardinien nicht ihre wahre n. s., sondern eine w. ö. Längs-Ausdehnung gab, wird weniger als irgend ein Anderer der Gefahr ausgesetzt gewesen sein, die Breite des Mittelmeers, speciell die Entfernung Sardiniens von Afrika zu überschätzen.

Eine Prüfung der Dimensions-Angaben für Sardinien, welche Strabo der Chorographie Agrippa's entlehnte, wird möglich durch die Hülfe des Itinerarium Antonini. Als Breite der Insel konnte von den in ihm verzeichneten Routen nur die Strasse gelten, welche von Tibulae an der Nordküste entlang bis Nura ging [103]. Ihre Länge betrug 93 Milien, entsprach also ziemlich genau der bei Strabo erhaltenen Zahl Agrippa's (98 M.) für die Breite Sardiniens.

Der Längen-Messung konnte Agrippa am passendsten die von Tibulae aus längs der Ost-Küste nach Caralis führende Strasse zu Grunde legen. Von Tibulae gelangte man mit 26 M. nach Ulbia [104], von da mit 169 Milien über Viniola, Sulsi, Sarabus nach Caralis. Noch 32 M. südlicher lag Nora, nur 5 Milien entfernt von der Südspitze Sardiniens. Die ganze Strecke vom nördlichen zum südlichen Ende Sardiniens betrug demnach 232 Milien.

Dieses Resultat steht in so gutem Einklang mit der Ziffer der Dimensuratio (230 M.) für die Länge Sardiniens, dass man

---

103) It. Ant. p. 83.
104) It. Ant. p. 82 wird die Entfernung Ulbia's von Tibulae um 10 M. zu niedrig auf 16 M. veranschlagt. p. 79. 80. 85.

dieser wohl vor der bei Strabo überlieferten Variante (220 M.)
den Vorzug geben muss.

2.
Sicilien.

Dim. 13. Insula Sicilia et, quae circa sunt, finiuntur ab
oriente et occidente, item septentrione mari Tyrrhenico, a meridie
mari Africo. Sicilia patet in longitudine m. p. à Peloro usque
ad Pachinum CLXXXVII, in latitudine m. p. CLXXXVIIII.
Plin. III, 14, 87. Terreno itinere a Peloro Pachynum
CLXXXVI, inde Lilybaeum CC m., inde Pelorum CLXX (Martianus Capella p. 208 Gr. giebt die Zahlen CLXXVI, CC,
CXXXXIII).
Orosius I, 2 p. 33 H. (Sicilia) habet a Peloro in Pachinum
m. p. CLIX (Aethicus CXLIX), a Pachyno in Lilybaeum
CLXXVII (Aethicus CLXXIIII).
Plin. III, 14, 86. Sicilia . . . circuitu patens, ut auctor est
Agrippa, DCXVIII m. p.
Strabo VI, 2, 1 p 266. Der ganze Abschnitt, von ἐν δὲ τῇ
χωρογραφίᾳ bis ἐκ δὲ Μεσσήνης εἰς Λιλύβαιον τῇ Οὐαλερίᾳ
ὁδῷ [διακόσια] τριάκοντα πέντε.

Mit der Erklärung dieser Fragmente betrete ich nicht ohne
Zagen ein Gebiet, dessen Räthsel schon den Scharfsinn zahlreicher
Gelehrten beschäftigt haben, ohne je ihre endgültige Lösung zu finden.

Schon in der kurzen Beschreibung der Lage Siciliens in der
Dimensuratio stossen wir auf einige Schwierigkeiten. Die Angabe,
dass die Insel im W., N. und O. vom Tyrrhen. Meere bespült
werde, kann unmöglich richtig überliefert sein. Eine so weite
Ausdehnung hat der Name des Tyrrhen. Meeres niemals gehabt.
In Hinblick auf §. 12 der Dimensuratio [105]) trage ich kein Bedenken die offenbar hier vorliegende Lücke so auszufüllen: ‚Insula
Sicilia e. q. c. s. finiuntur ab oriente [mari Siculo, ab] occidente,
item septentrione mari Tyrrhenico, a meridie mari Africo'. Combiniren wir diese Bestimmungen über Sicilien mit den schon
oben besprochenen Angaben über Italien, Corsica und Sardinien,

---

105) Das mare Siculum ist hier S. Grenze Griechenlands.

so erhalten wir folgendes Gesammtbild. Im N. vom Adriatischen Meere umsäumt, streckte sich die Apenninen-Halbinsel nach Agrippa's Vorstellung lang von ihrer w. Gallischen Grenze nach O. bis an die Strasse von Messana. Von ihr durch das Ligustische und Tyrrhen. Meer geschieden bildeten im S. die drei Inseln Corsica, Sardinien, Sicilien eine dem Italischen Festlande parallele, von W. nach O. streichende Linie. Sardinien war von Corsica durch das Sarder-Meer, von Sicilien durch den südlichsten Theil des Tyrrh. Meeres getrennt. Die S. Küsten aller drei Inseln bespülte das Africanische Meer.

Von allen Theilen Italiens war also in Agrippa's Werke Sicilien allein nach den Himmelsrichtungen zutreffend orientirt. Die von N. nach S. ziehende kürzeste Seite der Insel, zwischen Pelorum und Pachynum musste Agrippa seinen richtigen Vorstellungen gemäss als die Breite derselben bezeichnen, für die Länge hatte er die Wahl zwischen den beiden anderen Seiten, von denen jede ungefähr von W. nach O. sich ausdehnte [106]. Wir werden demnach mit einer kleinen, schon durch die unnatürliche Reihenfolge der Worte im überlieferten Texte empfohlenen Umstellung so zu lesen haben: Sicilia patet in long. m. p. CLXXXVII, a Peloro usque ad Pachynum in latitudinem m. p. CLXXXVIIII'.

Was Agrippa unter der Länge der Insel verstand, lehren uns die mit der Dimensuratio im vollsten Parallelismus stehenden Worte des Orosius: ‚a Pachyno Lilybaeum CLXXVII' oder, wie eine Leydener Handschrift wohl richtiger bietet ‚CLXXXVII m. p.' Gestützt auf die Itinerare der Sicilischen S. Küste können wir recht zuversichtlich die Correctheit dieser Zahl 187 für die Entfernung Lilybaeum's von Pachynum behaupten.

Unser Routier ist folgendes[107]:

Lilybaeum
Aquae . . . . 46 „
Agrigentum . . . . 40 „
Latus 86 M.

---

106) Orosius I, 2. p. 33 bezeichnet Lilybaeum als die W. Spitze Siciliens. Pelorum sprang nach N. O. (Aquilo), Pachynum gegen S. O. (Euronotus) vor.
107) Tab. Peut. It. Ant. p. 88. 89. 96.

	Transport 86 M.
Calvisiana	44 „
Pachynum	56 „
	186 M.

Wie bei dieser Bestimmung der Länge Siciliens, so wird Agrippa auch bei der Angabe für seine Breite den Itineraren gefolgt sein. Sie liefern uns folgende Daten für die der O. Küste entlang gehende Strasse [108]):

Traiectus

Messana	12 M.
Tauromenium	35 „
Catina	32 „
Syracus	44 „
Pachynum	36 „
	159 M.

Diese Ziffer hat sich wirklich bei Orosius richtig erhalten. In der Dimensuratio ist sie wohl unter dem Einfluss der benachbarten Ziffer 187 in 189 verdorben worden. Am nächsten lag die Verwandlung der CLIX in CXLIX (so Aethicus) oder CXLII. (so einige Plinius-Handschriften) und in CLXIX. Letztere Ziffer scheint den Uebergang der echten Zahl in 168 bei Strabo und in 170 bei Plinius vermittelt zu haben. Bei Plinius ist überdies noch eine natürlich auch in den von ihm abhängigen Schriftstellern bemerkbare Vertauschung der Ziffern für die Nord- und Ost-Seite eingetreten, wie schon Müller und Müllenhoff richtig herausgefunden haben [109]).

Für die Nord-Seite Siciliens bieten Orosius und die Dimensuratio keine Ziffer, wohl aber Strabo, der in der Chorographie Agrippa's die Länge der Valerischen Strasse zwischen Lilybaeum

---

[108] It. Ant. p. 86. 87. 90. Die Entfernung Tauromenium's von Messana wird mit 32 M. zu klein angegeben. Auch die Ziffer für die letzte Strecke beruht auf Messung nach einer Karte.

[109] Dass dieser grobe Fehler nicht, wie Müllenhoff Hermes IX S. 9 will, auf Agrippa's Rechnung, sondern auf die des confusen Plinius zu setzen ist, beweisen die aus Agrippa's Werke geflossenen correcten Ziffern für die n. und ö. Seite der Insel bei Strabo und Orosius.

und Messana auf [2]35 Milien angegeben fand. Dass diese Zahl durchaus genau überliefert ist, beweisen die Itinerarien [110]):

Messana
Tyndaris	36 M.
Agathyrnum	29 „
Cale acte	20 „
Halesa	16 „
Cephaloedium	18 „
Thermae	24 „
Solus	12 „
Panormus	12 „
Segesta	36 „
Drepana	14 „
Lilybaeum	18 „
	235 M

Diese Ziffer CCXXXV ward bei Plinius und den von ihm abhängigen Schriftstellern in CLXXXV oder CLXXXVI verdorben.

Die dritte Ziffer des Plinius, welche der Länge der S. Küste entsprechen soll (200 m. p.), stimmt mit der oben als correct befundenen Zahl der Dimensuratio und des Orosius (187 m. p.) durchaus nicht überein. Zum Glück können wir noch ihren Ursprung mit Sicherheit angeben.

Sie stammt aus Artemidor [111]. Wie Plinius dazu kam den beiden aus Agrippa entlehnten Ziffern, welche, wie er sehr richtig versichert, ‚terreno itinere‘, also nach Itineraren ausgerechnet waren, eine ganz heterogene dritte aus einer anderen Quelle beizugesellen, ist eine bei diesem confusen Kopf wohl ziemlich müssige Frage.

---

110) It. Ant. p. 90—93. Tab. Peut. Die Entfernung Halesa's von Caleacte wird im It. irrig auf XXVI, in der Tafel auf XII m. p. angegeben.
111) Geogr. Gr. min. ed. C. Müller I p. 483. cf. p. 481. Dass Plinius die Ziffer aus Agrippa, dieser aus Artemidor geschöpft, muss ich entschieden in Abrede stellen. Agrippa gewann alle 3 Ziffern für die Seiten Sicilien's aus Itineraren, wie ein Vergleich von Strabo, Orosius und der Dimensuratio beweist. Wie bei der Küstenbeschreibung Italien's (Strabo VI, 1, 11 p. 262/3 3, 10 p. 285), so steht auch in der Darstellung Sicilien's Agrippa durchweg im Widerspruch mit Artemidor, den Plinius sehr stark benützte.

Dass die für die drei Seiten Sicilien's bei Plinius überlieferten Ziffern zusammengenommen (186 + 200 + 170 = 556) keineswegs der von Agrippa für den Umfang der Insel gegebenen Zahl von 618 m. p. entsprechen, wird Jeder sehr natürlich finden, der weiss, dass 2 dieser Ziffern zwar aus Agrippa stammen, aber stark corrumpirt sind, während die dritte gar nicht einmal der Chorographie Agrippa's, sondern der Geographie Artemidor's entlehnt ist[112]). Aber auch die Summe der von uns als echt erkannten Ziffern Agrippa's für die Länge der 3 Seiten Sicilien's 187 + 159 + 235 = 581 Milien bleibt sehr weit hinter der Umfangsbestimmung der Insel durch Agrippa zurück. Wir ersehen daraus, dass Agrippa neben den auf Itinerare basirten Angaben für die Länge der einzelnen Seiten Sicilien's noch eine auf nautischen Messungen beruhende Beschreibung der Küsten dieser Insel gegeben und auf Grund deren seine Umfangsbestimmung gewonnen haben muss. Dieser Periplus Sicilien's ist uns vollständig bei Strabo erhalten.

Die Angaben für die N. Seite lauten:

Pelorum

Mylae	25 Milien.
Tyndaris	25 ,,
Agathyrnum	30 ,,
Halaesa	30 ,,
Cephaloedium	30 ,,
Himera-Fluss	18 ,,
Panormus	35 ,,
Hafen von Segesta	32 .,
Lilybaeum	38 ,,
	263 Milien.

Sehr richtig spricht Holm sein Urtheil über diese Ziffern dahin aus, dass der Chorograph die östlicheren Distanzen auf Kosten der westlicheren überschätzt habe. Eine Beseitigung dieser meist nicht sehr bedeutenden Ungenauigkeiten durch Con-

---

112) Detlefsen hat in seiner Ausgabe, ohne sich um die Richtigkeit der einzelnen Ziffern im mindesten zu kümmern, durch eine ganz unberechtigte Conjectur die Gesammt-Ziffer mit der Summe derselben in Einklang gebracht.

jectur ist nicht rathsam [113]), da grade die bedenklichsten Angaben nicht durch eine der Verderbniss leicht unterliegende Ziffer, sondern durch ein auf die vorhergehende Zahl zurückweisendes ἴσα oder τοσαῦτα μίλια ausgedrückt sind. Das Lob grösster Genauigkeit verdienen die Ziffern, welche die Entfernung des Himera-Flusses von Cephaloedium (18 m. p.) und Panormus (35 m. p.) bezeichnen. Um so merkwürdiger ist es, dass grade bei ihnen Müllenhoff den Hebel ansetzt, um die Autorität des ganzen Agrippa'schen Werkes aus den Angeln zu heben. Wie dieser Gelehrte aus dem ganz natürlichen Umstande, dass Agrippa nicht die schon an 400 Jahre in Trümmern liegende Stadt Himera, sondern den bei ihren Ruinen sich in das Meer ergiessenden gleichnamigen Fluss (Fiume grande) in seinem Periplus nannte, folgern kann, dass Agrippa die Stadt Himera im N. der Insel mit dem an deren S. Küste mündenden Himera-Fluss (Fiume salso) verwechselt und dadurch die greulichste Confusion in seine Küstenbeschreibung hineingebracht habe, wird mir ewig räthselhaft bleiben [114]).

Für die Südküste Siciliens entnahm Strabo der Chorographie Agrippa's folgende Notizen: ἐντεῦϑεν (von Lilybaeum) .... εἰς μὲν τὸ Ἡράκλειον ἑβδομήκοντα πέντε (μίλια), ἐπὶ δὲ τὸ Ἰκραγαντίνων ἐμπόριον εἴκοσι· καὶ ἄλλα εἴκοσι εἰς Καμάριναν· εἶτ' ἐπὶ Πάχυνον πεντήκοντα.

Die Genauigkeit aller übrigen Ziffern dieses Abschnittes giebt uns die volle Gewissheit, dass ein grober Irrthum, der uns in ihm entgegentritt, nicht auf Rechnung der Kenntnisse des Autors zu setzen ist. Agrippa hat sicherlich die 60 Milien betragende Entfernung Camarina's von Agrigent nicht auf 20 M. veranschlagt.

---

113) Müller's Versuch hierzu (Ausgabe des Strabo S. 977) wäre wohl unterblieben, wenn der Gelehrte den Himera-Fluss richtig mit dem Fiume Grande, nicht (nach Cluver) mit dem Fiume di S. Leonardo identificirt hätte. s. Karte V.

114) Müllenhoff. Deutsche Alterthumskunde S. 443 Anm. Hermes IX S. 9. Mit diesem sonderbaren Irrthum des Gelehrten fällt seine ganze künstliche Construction der Maass-Angaben Sicilien's, welche überdies noch durchgängig an dem Fehler leidet, dass Land- und See-Distanzen ungesondert durch einander gemengt sind.

Auch Strabo hätte einen so groben Fehler nicht ohne weitere Bemerkung niedergeschrieben. Alle Gelehrten sind daher einstimmig der Ansicht, dass zwischen Agrigent und Camarina eine Lücke anzunehmen ist. Die von Kramer vorgeschlagene Ergänzung [εἰς δὲ Γέλαν εἴκοσι] ist unzulänglich, die Müllenhoff's sicher nicht richtig, da sie auf seiner falschen Voraussetzung beruht, dass Agrippa den unweit vom Vorgebirge Ecnomos mündenden Himera-Fluss mit der Stadt Himera an der Nordküste verwechselt habe. Müller hat die Länge der einzuschaltenden Strecke richtig erkannt (40 Milien), wählte aber die vermuthlich ausgefallenen Stationen nicht recht passend [115]. Ich würde etwa lesen: ἐπὶ δὲ τὸ Ἀκραγαντίνων ἐμπόριον εἴκοσι [καὶ ἄλλα εἴκοσι εἰς Ἔκνομον, πάλιν δὲ εἴκοσι εἰς Γέλαν ποταμὸν,] καὶ ἄλλα εἴκοσι εἰς Καμάριναν. So ist zugleich den wahren Entfernungen gemäss die Lücke ausgefüllt und auch die Möglichkeit ihrer Entstehung klar. Agrippa wird demnach die Länge der Küste von Lilybaeum bis Pachynum auf 205 (nicht auf 165) Milien veranschlagt haben.

Auch an der Ostküste Sicilien's ist der Periplus nicht ganz rein und vollständig überliefert. Strabo giebt an:

Pachynum
Syracusae . . . . 36 M.
Catana. . . . . 60 „
Tauromenium. . . . . 33 „
Messana . . . . 30 „

Die Entfernung Catana's von Syracus beträgt nicht 60, sondern nur 40 Milien. Bei der Leichtigkeit, mit welcher XL und LX verwechselt werden, ist der Ursprung dieses gewiss nicht von Agrippa begangenen Irrthums wohl nicht zweifelhaft. Einer kleinen Nachlässigkeit Strabo's schreibe ich es zu, wenn die beim Vorgebirge Pelorum beginnende Küsten-Beschreibung mit Messana endet und so die letzte etwa 11 Milien lange Strecke Messana-Pelo-

---

[115] s. Müller's Anm. zur Stelle S. 977. Phintias war von Agrigent nicht 20, sondern 23, von Calvisiana nicht 20, sondern 26 Milien entfernt. Die Distanz Calvisiana's von Camarina war wieder geringer als 20 M. Von den Itineraren kommt natürlich hier nur das unmittelbar der Küste folgende It. Ant. p. 95 in Betracht, nicht das der kürzeren Binnen-Strasse It. Ant. p. 89 und Tab. Peut.

rum unaufgeführt bleibt. Rechnen wir sie noch mit ein, so erhalten wir mit Aufnahme der beiden zweifellos gebotenen, auf Grund der wirklichen Entfernungen gemachten Correcturen folgende Angaben für die Länge der Seiten der Insel:

Nord-Seite . . . . 263 Milien.
Süd-Seite . . . . 205 „
Ost-Seite . . . . 150 „

Der Umfang Siciliens . . . . 618 Milien.

Das ist der Schlüssel zu des Plinius Worten: ‚Sicilia circuitu patens, ut auctor est Agrippa, DCXVIII m. p.'

3.
Die kleineren Inseln Italiens.

Strabo VI, 2, 11 p. 277. Ἀπὸ μὲν οὖν Ἐρικώδους εἰς Φοινικώδη δέκα μίλιά φησιν ὁ χωρογράφος, ἔνθεν δ'εἰς Διδύμην τριάκοντα, ἔνθεν δ'εἰς Λιπάραν πρὸς ἄρκτον ἐννέα καὶ εἴκοσι, ἔνθεν δ'εἰς Σικελίαν ἐννεακαίδεκα, ἑκκαίδεκα δ'ἐκ τῆς Στρογγύλης.

Nur einen traurig verstümmelten Rest der Worte, in welchen der grosse Seeheld den Schauplatz seiner ersten Erfolge [116]) kurz beschrieben hatte, haben die Strabo-Handschriften uns erhalten. Agrippa's Mittheilungen über die Liparischen Inseln scheinen recht genau und speciell gewesen zu sein. Die Ziffern gehen sehr in das Minutiöse und selbst bedeutungslose Felsschollen wie die ‚Haide-Insel' und das ‚Palmen-Eiland' sind nicht mit Stillschweigen übergangen worden.

Von Ericusa nach Phoenicusa zählte Agrippa richtig 10 Milien. Die nächste Angabe, 30 Milien, aber kann in unserer Ueberlieferung nicht richtig auf die Entfernung Phönicusa's von Didyme bezogen sein, mag vielmehr der Distanz zwischen Ericusa und Didyme gegolten haben. Dann aber folgt in wenigen Zeilen eine solche Menge von Unmöglichkeiten und unsinnigen Angaben, dass fast allen Herausgebern der kritische Athem völlig ausgegangen ist und sie entweder an einer Aufklärung dieser Dunkelheiten verzwei-

---
116) Appian b. civ. V, 105. 106.

felten oder — ein sehr gewagter Ausweg! — die elenden Fetzen der Ueberlieferung als echt anerkannten und aus ihnen eine Narrenkappe für Agrippa machten. Agrippa, der das Commando der Flotte in Strongyle übernahm und von da aus südlich segelnd an Lipara vorüber nach der Vulcans-Insel (Hiera) kam, um von hier zum Entscheidungskampfe nach den Gewässern von Mylae aufzubrechen, soll nicht gewusst haben, dass Lipara näher an Sicilien lag als Strongyle, er soll Lipara zur nördlichsten Insel der ganzen Gruppe gemacht haben. Ehe ich mich zu diesem Glauben bekenne, wage ich doch noch einen Versuch, Ordnung in die verdorbene Stelle zu bringen.

Nächst Lipara war die wichtigste unter den Aeolischen Inseln ohne Frage Hiera oder Thermessa, den Alten besonders interessant, weil auf ihr die vulkanische Thätigkeit damals am lebhaftesten sich regte. Wo ist ihr Name in unserem Bericht geblieben? Soll sie übergangen sein, wo Ericusa und Phoenicusa Erwähnung finden? Das ist durchaus undenkbar. Wenn aber wirklich ihr Name einst hier in der Reihe der Inseln nicht fehlte, an welcher Stelle musste er stehen? Ohne Frage zwischen Lipara und Sicilien. Dort setze man ihn ein und sofort schwindet ein guter Theil der Schwierigkeiten. ‚Von Didyme nach Lipara 9 Milien und 20 nach Hiera, von dort aber 19 nach Sicilien.' Diese Entfernungsangaben stimmen auf das Genaueste mit der Wirklichkeit überein, namentlich wenn man die 9 Milien nicht auf die Distanz zwischen Didyme und der Stadt Lipara bezieht, sondern von der Zwillings-Insel aus nur bis an das nördliche Vorgebirge der Insel Lipara (Capo Castagno) die Messung ausdehnt, wie dies durch die mit Unrecht bisher in den Winkel gestellte Conjectur Groskurd's ‚πρὸς ἀρκτικὸν ἄκρον' statt des handschriftlichen πρὸς ἄρκτον ausdrücklich bestimmt wird.

Nachdem Agrippa so in ganz verständiger Anordnung die Inseln Ericusa, Phoenicusa, Didyme, Lipara, Hiera mit ihren Entfernungen von einander angeführt und durch die von Hiera aus gegebene Distanzbestimmung mit Sicilien verknüpft hatte, blieb ihm noch der nordöstliche Flügel der Aeolischen Inselgruppe nachzuholen, mit den Hauptinseln Strongyle und Euonymos. Sie scheint Agrippa in einem uns leider wieder nur verstümmelt erhaltenen

Schlusssatz besprochen zu haben, dessen ersten Theil ‚16 Milien von Strongyle nach Euonymos' man noch recht sicher wieder herstellen kann, während der zweite wohl die Distanz der Insel Euonymos von Lipara angegeben haben mag. Die ganze Stelle wird demnach vielleicht so zu lesen sein:
‚ἀπὸ μὲν οὖν ’Ερικώδους εἰς Φοινικώδη δέκα μίλιά φ. ὁ. χ., εἰς δὲ Διδύμην τριάκοντα, ἔνθεν δ’εἰς Λιπάραν πρὸς ἀρκτικὸν ἄκρον ἐννέα, καὶ εἴκοσι εἰς Ἱεράν, ἔνθεν δ’εἰς Σικελίαν ἐννεακαίδεκα, ἐκκαίδεκα δ’ ἐκ τῆς Στρογγύλης εἰς Εὐώνυμον . . . .'

An diese Beschreibung der Liparischen Inseln knüpft der Chorograph bei Strabo eine Besprechung der zwischen Sicilien und Afrika liegenden Inseln. Sie lautet:

‚πρόκειται δὲ τοῦ Παχύνου Μελίτη καὶ Γαῦδος, ὀγδοήκοντα καὶ ὀκτὼ μίλια ἑκατέρας ἀμφότεραι διέχουσαι· Κόσσουρα δὲ πρὸ τοῦ Λιλυβαίου καὶ πρὸ τῆς Ἀσπίδος, Καρχηδονιακῆς πόλεως, ἣν Κλυπέαν καλοῦσι, μέση ἀμφοῖν κειμένη καὶ τὸ λεχθὲν διάστημα ἀφ’ ἑκατέρας ἀπέχουσα· καὶ ἡ Αἰγίμουρος δὲ πρὸ τῆς Σικελίας καὶ τῆς Λιβύης ἐστὶ καὶ ἄλλα μικρὰ νησίδια'.

Von zwei Punkten (ἑκατέρας) sollen Malta und Gozzo 88 Milien entfernt gewesen sein. Den einen, Pachynum führt Strabo an, der Name des zweiten scheint daneben ausgefallen zu sein. Wie er gelautet, lehrt uns wohl Plinius III, 14, 92: ‚Sunt insulae in Africam versae Gaulos, Melita a Camerina LXXXVII m. p.' Wenn wir demnach die Worte ‚καὶ τῆς Καμαρίνας' hinter Pachynum einfügen, fällt jeder Grund fort, die überlieferte Lesart ἑκατέρας zu verdächtigen.[117]) In der That sind auch das Vorgebirge Passaro und die Ruinen Camarina's fast genau gleich weit von der Insel-Gruppe entfernt. Nur ist die Zahl für die Distanz (88 m. p.) wie die meisten maritimen Entfernungsbestimmungen der Alten, ein wenig zu hoch gegriffen.

Wenn Agrippa die Länge der Fahrt von Cossyra nach Lilybaeum ebenso hoch veranschlagte, wie die Entfernung der mal-

---

117) Will man aber durchaus in ihr den Sitz der Corruptel erkennen, so würde es sich immer noch graphisch mehr empfehlen daraus, auf die Plinius-Stelle gestützt, Καμερίνας als (mit Cluver und den Ausgaben) τῆς ἄκρας zu machen.

tesischen Insel-Gruppe von der S. O.-Spitze Siciliens, so entspricht
seine Ansicht vollkommen der Wirklichkeit. Die Entfernung Cossyra's von Aspis ist dagegen erheblich geringer.

Auffallend mag es scheinen, dass Strabo an dieser Stelle, wo
er von den Inseln des afrikanischen Meeres nur die allerwich-
tigsten herauszuheben scheint, neben Cossyra auch das ganz unbe-
wohnte Aegimurus (Zembra) nennt, einen nackten Felsen, auf
dessen zerklüfteten Gehängen nur Schaaren wilder Kaninchen
hausen. Allein Strabo hatte offenbar an dieser Stelle keineswegs
die Absicht, die Inseln des afrikanischen Meeres zu besprechen,
— er thut dies erst im 17ten Buche —; ihm kam es nur darauf
an, den gewöhnlichen Seeweg von Sicilien nach Afrika anzudeu-
ten. Das konnte er nicht besser thun als durch die Erwähnung der
beiden Inseln. Wer nach dem Vorgebirge Mercur's oder nach der
Byzacenischen Küste segelte, hatte Cossyra zur Landmarke zu nehmen. Wer von Lilybeum auf dem kürzesten Wege nach Carthago
fuhr, dem kam zuerst, noch ehe er das afrikanische Festland ge-
wahrte, der Pik von Zembra (Aegimurus) in Sicht, welcher die
Höhen des Cap Bon noch ein wenig überragt. Vielleicht hat
dieser Umstand grade Strabo dazu verleitet, das Inselchen Aegimurus wirklich etwas zu weit von der afrikanischen Küste zu
entfernen und näher an Sicilien heranzurücken. Denn anders
wird sich kaum die Stelle Strabo's XVII, 3, 16 p. 834 erklären
lassen: ,$οὐ$ $πολὺ$ $δὲ$ $τῆς$ $Κοσσούρας$ $διέχουσιν$ $οὐδέ$ $τῆς$ $Σικελίας$
$ἄλλαι$ $τε$ $νῆσοι$ $καὶ$ $Αἰγίμουρος$.'

Mit dem eben besprochenen Fragmente schliesst die Reihe
der unter dem Namen des Chorographen bei Strabo erhaltenen
Stücke aus dem Werke Agrippa's. C. Müller hat allerdings die
Vermuthung ausgesprochen, dass Strabo an allen anderen Stellen,
an denen er die Entfernungs-Angaben in Milien ausdrückt, wohl
demselben Autor gefolgt sein möge.[117] Allein, wenn man erkennt,
dass manche dieser Stellen sicher auf Polybius, andere auf Arte-

---

117) C. Müller. Ausgabe des Strabo S. 775.

midor zurückgeführt werden müssen,[118]) bei keiner einzigen aber irgend ein fester Anhalt da ist, der für eine Benützung Agrippa's spräche, so wird man dieser Hypothese nicht allzuviel Gewicht beilegen und sich mehr der Meinung zuneigen, dass Strabo von der Chorographie Agrippa's nur den über Italien und seine Inseln handelnden Abschnitt eingehender benützt, dagegen die Angaben Agrippa's über andere Länder geflissentlich ignorirt hat. Ihn mag dabei die seinem kritischen Sinn sehr wohl entsprechende Ueberlegung geleitet haben, dass Agrippa über Italien besser unterrichtet sein konnte und musste als alle früheren Geographen ,während seine Kenntniss von entlegneren Ländern kaum erhebliche Fortschritte aufwies gegenüber den griechischen Geographen, auf denen sie im Wesentlichen beruhte. Es konnte dem Strabo nicht schwer fallen, eine Uebersicht zu gewinnen über die Quellen, aus denen Agrippa seine Angaben über entferntere Theile der damals bekannten Erde geschöpft hatte. Wer wird es wunderbar finden, dass er das Licht, welches griechische Geographen über verschiedene Gebiete verbreitet hatten, nur direct von ihnen, nicht, wie durch einen Spiegel reflectirt, erst durch Agrippa's Vermittlung empfangen mochte?[119]) Aber selbst da, wo Agrippa in der That eine Erweiterung des geographischen Horizontes anbahnte, hat Strabo's hyperkritischer Geist sich gegen eine solche dankenswerthe Bereicherung der Erdkunde ablehnend verhalten. Agrippa ist der erste Geograph, welcher die Weichsel kannte und ihre Lage sogar schon als Fixpunkt für die Bestimmung der Dimensionen des Sarmatischen Tieflandes und Germaniens verwerthete. Der Name dieses Stromes ward in Agrippa's Werke sicher mehr als einmal genannt und Strabo kann ihn nicht übersehen haben. Dennoch ignorirt er die Mittheilungen Agrippa's über die Weichsel vollständig und formulirt seinen Widerspruch dagegen mit aller Schärfe in dem Satz: „Was jenseits der Elbe am Ocean liegt, ist

---

118) Strabo III. 5, 3 p. 169 = Polyb. bei Plin. IV. 36, 119. Strabo VI, 3, 10 p. 285. VII, 7, 4 p. 322. Aus Artemidor stammt Strabo IV, 1, 3 p. 179. VI. 3, 7 p. 283 vgl. Plin. II, 112, 244 und Geogr. Gr. min. ed. Müller II. p. 477.

119) Strabo II, 4, 19 p. 166.

uns durchaus unbekannt".[120] Dieser Thatsache gegenüber muss wohl jeder Zweifel schwinden, dass Strabo absichtlich von Agrippa's Angaben über entlegenere Länder keine Notiz nahm, und es wird zum mindestens sehr wahrscheinlich, dass er in allzu skeptischer Bedenklichkeit seine Benützung des Werkes ganz oder fast ganz auf den Abschnitt über Italien und dessen Inseln beschränkte. Dass Strabo, der mit bitteren Bemerkungen über seine Vorgänger sonst wahrlich nicht sparsam ist, seinen Bedenken über das Werk Agrippa's keine lauten Worte geliehen, sondern sie nur stillschweigend zur Norm seines Handelns gemacht hat, wird man leicht verstehen, wenn man sich an die vor jedem eignen kritischen Gedanken beinahe erschreckende Devotion erinnert, mit welcher der über ein halbes Jahrhundert später schreibende Plinius von den geographischen Leistungen Agrippa's und des divus Augustus spricht.

Balkan-Halbinsel.

Plin. III, 29, 150. Illyrici latitudo, qua maxuma est, CCCXXV m. p. colligit, longitudo a flumine Arsia ad flumen Drinium DXXX m., a Drinio ad promontorium Acrocerauniam CLXXV Agrippa prodidit, universum autem sinum Italiae et Illyrici ambitu XVII p. Dim. 18. Illyricum et Pannonia ab oriente flumine Drino, ab occidente desertis, in quibus habitant Boi et Carni (cod. B Canni), a septentrione flumine Danubio, a meridie mari Adriatico: quae patent in long. m. p. DCXXX, in lat. m. p. CCCXXV (Plin. IV, 18, 46. Promontorium Chryseon Ceras, in quo oppidum Byzantium..., abest a Dyrrhachio DCCXI m. p.; tantum patet longitudo terrarum inter Hadriaticum mare et Propontidem.)

IV, 18, 50. Macedoniae, Thraciae, Hellesponti longitudo est supra dicta; quidam DCCXX m. faciunt, latitudo CCCLXXXIV m. est.

Dim. 11. Macedonia et Hellespontus et pars Ponti finiuntur ab oriente mari Pontico, ab occidente desertis Dardaniae, a septentrione flumine Istro, a meridie (mari) Aegaeo: quae patent in long. m. p. DCCXX, in lat. m. p. CCCCXXXII.

---

120) Strabo VII, 2, 4 p. 294. Die nächsten Worte zeigen, dass Strabo Agrippa's Angaben verwarf, weil ihm ihre Quelle unbekannt war

Plin. IV, 9, 32. Epiri, Achaiae, Atticae, Thessaliae in porrectum longitudo CCCCLXXXX (Dicuil 430, Martianus Cap.. 480) milium p. traditur, latitudo CCLXXXXVII m. Dim. 12. Epirus, Achaia, Thessalia finiuntur ab oriente mari Aegaeo, a septentrione montibus Pelio et Olympo, a meridie mari Siculo et Libyco: quarum spatia in long. m p. DCCXX, in lat. CCCLXXVI.

Bei der schon oben skizzirten Vorstellung der Alten, dass das Adriatische Meer von O. nach W. in den europäischen Continent eindringend Italien von der Balkan-Halbinsel scheide, kann es uns nicht überraschen, dieses Meer als Südgrenze Illyriens aufgeführt zu sehen. Im Norden dehnten sich die Eroberungen der Römer beim Tode Agrippa's zwar noch keineswegs bis an die Donau aus; aber Augustus hatte das Ziel, diesen Strom zur Grenze seines Reiches zu machen, sicher schon damals so fest in's Auge gefasst, dass Agrippa bei seiner geographischen Darstellung Illyricum's schon praesumptiv den Begriff dieser Provinz in so weitem, Pannonien einschliessendem Umfange fassen durfte. Die beste n. w. Abgrenzung dieses Gebietes schien die Einöde zu bilden, in welcher (im Flussgebiet der Raab) nur noch schwache Reste des einst so mächtigen Bojer-Volkes lebten, das dem Vordringen der Daker erlegen war.[121]) Von Macedonien war Illyricum geschieden durch den Drin und das Bergland des Scardus, in welchem die Trümmer des im Kampf mit den Nachbaren und mit Rom fast aufgeriebenen Dardanervolkes wohnten.[122])

Auf der Balkan-Halbinsel, deren Norden erst durch Augustus in harten Kämpfen mit den Donau-Völkern dem Römischen Reiche gewonnen wurde, versagen uns natürlich bei Prüfung der Ziffern Agrippa's die Itinerare öfter ihren Dienst. Selbst wenn die von ihnen gebotenen Entfernungs-Angaben mit Agrippa's Daten annähernd übereinstimmen, wird uns doch von einer genetischen Verknüpfung beider die Erwägung zurückhalten, dass die Strassen,

---

121) Plin. III, 27, 146. Strabo V, 1, 6 p. 213. VII, 1, 5 p. 292. 3, 11 p. 304. 5, 2 p. 313. 5, 6 p. 315.
122) Strabo VII, 5, 6 p. 315.

deren Länge und Stationen die Itinerarien uns kennen lehren, nicht vor Agrippa's Tode angelegt sein können.

So werden wir trotz der guten Uebereinstimmung, in welcher Agrippa's Angabe für die Breite Illyricums mit der Entfernung Salona's von Taurunum im Itinerar steht, darauf verzichten müssen, die Itinerare hier als Quelle für Agrippa zu betrachten. Eher liesse sich erwarten, dass die Länge Illyriens vom Arsia-Fluss zum Drin auf Grund von Itineraren berechnet ist. Denn den Küstenstreifen hatte Rom längst in seiner Gewalt. Allein trotz der im Allgemeinen nicht übel sich vereinigenden Ziffern der Peutinger'schen Tafel und des Itinerars bleiben deren Zahlen doch hinter Agrippa's Angabe nicht unerheblich zurück. So wird es mir zu voller Gewissheit, dass die enge Verknüpfung dieser Ziffer mit der Umfangs-Bestimmung des Adriatischen Meeres keine zufällige ist, sondern diese Zahl, so gut wie die für die Ausdehnung der Küsten Italiens auf Schiffstagebüchern, nicht auf Itineraren beruht.

Der Gedanke an eine Corruptel der Agrippa'schen Ziffer bei Plinius ist durch die genaue Concordanz der Dimensuratio mit Plinius völlig ausgeschlossen.

Auch die Bestimmung der Breite Macedoniens und Thraciens zwischen dem Aegaeischen Meere und der Donau kann unmöglich auf Itinerare basirt sein, da die Unterwerfung der nördlichsten Striche wohl nicht vor dem grossen Pannonischen Kriege des Tiberius 11—9 v. Chr. vollendet war.

Die glänzendste Uebereinstimmung mit den Itineraren der via Egnatia verräth dagegen Agrippa's Notiz, dass die Länge Macedoniens, Thraciens und des Hellespontes zwischen Dyrrachium und Byzanz 720 Milien betrage.

Man rechnete:
Dyrrachium
Thessalonice . . . . 267 M.
Philippi . . . . 99 „
Dyme . . . . 145 „
Aenos . . . . 20 „
Syracellae . . . . 53 „

Latus 584 M.

Transport	584 M.
Perinth	72 „
Byzanz	64 „
	720 Milien [123])

Die eben besprochenen Maasse Agrippa's für die Dimensionen Macedoniens und Thraciens hat die Dimensuratio irrig auch auf Achaia, Thessalien und Epirus übertragen. Die wahren Zahlen für die Ausdehnung dieser Landschaften können wir also nur bei Plinius erwarten. Leider sind uns für die Controlle seiner Angaben nur sehr lückenhafte und incorrecte Itinerare überliefert. Die Ziffer für die Breite von Thessalien und Epirus zwischen dem Adriatischen und Aegaeischen Meere (297 M.) werden wir wohl um 100 zu erniedrigen haben. Für ihre genauere Prüfung fehlen uns antike Routiers gänzlich.

Als Länge Griechenlands konnte Agrippa eine Linie vom Akrokeraun. Vorgebirge bis Boiae am Vorgebirge Malea ansehen. Auf die Strassen, welche beide Punkte verbinden, passt auch die Ziffer bei Plinius (490 M.) annähernd, wiewohl wir zum Vergleich nur sehr schlechte Itinerare haben, die ich etwa so ergänzen und verbessern möchte:

Acroceraunia.	
Phoenice	51 M.
Buthroton	16 „
Actium	70 „
Dioryctos	10 „
Alyzia	20 „
Latus	167 M.

---

123) Tab. Peut. It. Ant. p. 318, 329. It. Hieros. p. 601—608. Die Entfernung Dyrrachium's von Thessalonice giebt Polybius bei Strabo VII, 4 p. 322 3 mit den Itineraren im Einklang auf 267 M. an. Ein beachtenswerther Umstand ist es, dass die Peut. Tafel allein den Küstenweg von Dyme über Aenos nach Syracellae kennt, welcher offenbar bei Agrippa's Angabe für die Rechnung zu Grunde gelegt wurde. Alle anderen Itinerare folgen der um 34 Milien kürzeren Binnen-Strasse, welche Cypsela berührt. — Auf Grund dieser Routiers lassen sich mehrere Ziffern bei Plinius mit Sicherheit corrigiren. IV, 17, 36 CCLXV (nicht CCXLV). IV, 18, 42 CCCCXXV (nicht CCCXXV). IV, 18, 47 CCXXXVIIII, (nicht CLXXXVIIII).

Latus	167 M.
Achelous	28 „
Calydon	20 „
Naupactos	19 „
Patrae (Ueberfahrt)	12 „
Aegion	25 „
Aegeira	22 „
Sicyon	25 „
Nemea	15 „
Mycene	10 „
Argos	7 „
Sparta (über Tegea)	60 „
Gythion	30 „
Asopos	32 „
Boiae	22 „
	494 Milien[124]

Die Uebereinstimmung dieser Zahl mit der Angabe Agrippa's würde vielleicht noch genauer, jedenfalls aber weit sicherer sein, wenn die Itinerare in dieser Partie nicht gar so arg verdorben wären.

Die Griechischen Inseln.

Dim. 10. Insula Creta et, quae circa sunt, finiuntur ab oriente mari Carpathio, ab occidente mari Cretico, a meridie mari Libyco, a septentrione mari Aegaeo. Creta patet in long. m. p. CLXXIII, in lat. m. p. VI.

Orosius I, 2 p. 32 H. Insula Creta finitur ab oriente Carpathio mari, ab occasu et septentrione mari Cretico, a meridie mari Libyco .... habet in longo m. p. CLXXII, in lato L.

Plinius. IV, 20, 58. (Creta) latitudine nusquam L m. p. excedens et circa mediam sui partem maxume patens longitudine implet CCLXX m. p., circuitu DLXXXIX.... 60. Ipsa abest promontorio suo, quod vocatur Criumetopon, ut prodit Agrippa, a Cyrenarum promontorio Phycunte CXXV m. p., item Cadisto a

---

[124] Tab. Peut. It. Ant. p. 324/5. Die meisten Zahlen bedurften einer Correctur oder fehlen in den Itineraren ganz.

Malea Peloponnesi LXXX; a Carpatho insula promontorio Sammonio LX in favonium ventum.

Dim. 7. Insula Rhodus cum Samo, Chio et, quae circa sunt, Cyclades finiuntur ab oriente litoribus Asiae, ab occidente mari Icario, a septentrione mari Aegaeo, a meridie mari Carpathio. Quae patent in long. m. p. D, in lat. m. p. CC.
Plin. IV, 23, 71[125]). Cyclades et Sporades ab oriente litoribus Icariis Asiae, ab occidente Myrtois Atticae, a septentrione Aegaeo mari, a meridie Cretico et Carpathio inclusae per DCC m. in longitudinem et per CC in latitudinem iacent.

Wenn Agrippa die Länge Creta's auf 270 M., das Maximum der Breite auf 50 M., den Umfang damit recht übereinstimmend auf 589 M. veranschlagte,[126]) so hielten seine Anschauungen von der Ausdehnung der Insel ungefähr die Mitte zwischen den von Strabo überlieferten Angaben der älteren Geographen, von denen Artemidor der Wahrheit am nächsten gekommen war.[127])

Die Richtigkeit der Notizen über die Distanz des Berges Cadistos von Malea und des Sammonischen Vorgebirges von Carpathos beweist hinlänglich, dass die grundfalsche Ziffer CXXV m. für den Abstand des ‚Widderkopfs‘ von dem Cyrenaeischen Vorgebirge Phycus nicht Agrippa zur Last gelegt werden darf, sondern der Nachlässigkeit der Abschreiber. Agrippa hat gewiss hier, wie auch sonst öfter, dem Eratosthenes sich angeschlossen und die Entfernung Creta's von der Cyrenaeischen Küste auf CCXXV m. (2000 Stadien) taxirt.[128])

Die Mittheilungen Agrippa's über die Cycladen und Sporaden scheinen in richtigerer Fassung bei Plinius erhalten zu sein. Nur ist seine Zahl für die Länge des Archipel's (700 M.) sicherlich viel zu hoch.

Die bisher nicht beachtete Lesart einer der besten Handschriften legt die Vermuthung nahe, dass sowohl die Breite als

---

125) Müllenhoff a. a. O. 23 stellt dem Abschnitt der Dim. über die Cycladen nicht diese Stelle des Plinius, sondern V, 36, 132 gegenüber.
126) Die Ziffern der Dimensuratio sind offenbar nur corrumpirt aus den von Plinius gegebenen.
127) Strabo X, 4, 3 p. 475.
128) Strabo. X, 4, 5 p. 475.

die Länge dieses Insel-Meeres von Agrippa annähernd richtig auf 200 M. geschätzt worden sind.[129]

Der Pontus.

Plin. IV, 18, 45. Ab Histri ostio ad os ponti m. pass. DLII (cod. Riccard: D alii) fecere, Agrippa LX adiecit.

Plin. IV, 24, 78. Agrippa a Byzantio ad flumen Histrum DLX, inde Panticapäum DCXXXV.

Plin. VI, 1, 3. Agrippa a Chalcedone ad Phasim deciens centena m., inde Bosporum Cimmerium CCCLX m.

Plin. IV, 24, 77. (Circuitus totius Ponti, ut auctor est) Agrippa, XXIII LX m.

Plin. IV, 26, 83. Dromos Achilleos, cuius longitudinem LXXX milium p. tradidit Agrippa.

Um dem Leser einen Vergleich des von Müllenhoff[130]) über diese Fragmente gefällten Urtheils mit dem meinigen zu erleichtern, folge ich Schritt für Schritt den Ausführungen dieses Gelehrten. Müllenhoff sagt: „So viel wir aus der leider sehr unvollständigen Ueberlieferung bei Plinius ersehen, so wurde erstens wohl mehr als einmal die Donau statt des Dnjestr's als ungefähre Mitte der europäischen Küstenstrecke vom thrakischen bis zum kimmerischen Bosporus genommen und dann die Länge dieser Küste auf 1250 m. p. d. h. auf griechisch 10000 Stadien angegeben'. Unvollständig scheint mir die Ueberlieferung bei Plinius zwar nicht, wohl aber in einem Punkte etwas unsicher. Plinius versichert einmal (IV, 18, 45), die von früheren Geographen auf 552 Milien veranschlagte Länge der Küste von Byzanz zum Ister habe Agrippa um 60 M. höher angegeben, dann wieder (IV, 24, 78), nach Agrippa betrage die Ausdehnung dieser Küsten-Strecke 560 M. An der zweiten Stelle steht die Ziffer 560 ohne die geringste Variante in allen Handschriften fest. An der ersten dagegen bietet ausser anderen Handschriften auch der vortreffliche Codex Riccar-

---

129) Riccardianus: „per CC in longitudinem et per CC in longitudinem iacent'.
130) Müllenhoff. Hermes IX p. 9

dianus die Lesart ‚ab Histri ostio ad os Ponti m. p. D alii fecere, Agrippa LX adiecit'. Für die Richtigkeit dieser Fassung spricht erstens ihre Uebereinstimmung mit der andren Stelle des Plinius, ausserdem aber ganz entscheidend die Untersuchung der Frage, welche Geographen denn in ihrer Maassbestimmung vor Agrippa auf ein um 60 M. niedrigeres Resultat gekommen waren. Man wird vergebens die ganze alte Literatur durchstöbern, ohne einen zu finden, der die Küstenlänge von Byzanz zur Donau-Mündung auf 552 M. angab. Wohl aber hat ein dem Plinius, wie dem Agrippa recht gut bekannter Gelehrter, Varro, ihre Länge zu 500 Milien veranschlagt.[131]) Diese Ziffer also erhöhte Agrippa auf 560 Milien.

Vereinigen wir die nun wohl hinlänglich festgestellte Angabe Agrippa's für die Strecke von der Einfahrt in den Pontus bis zur Donau mit seiner Ziffer für die Entfernung dieses Stromes vom Kimmer. Bosporus (635 M.), so ergiebt sich, dass Agrippa der europäischen Küste des Pontus von Byzanz bis Panticapaeum eine Länge von 1195 M. beimass.

Anders Müllenhoff! Von der vorgefassten Meinung ausgehend, dass Agrippa nur in ganz runden, ungenauen Zahlen den Umfang des Pontus bestimmt habe, will er aus den Zahlen des Plinius herauslesen, dass Agrippa der europäischen Seite des Pontus eine Länge von 10000 Stadien gegeben und die Donau-Mündung ziemlich genau in die Mitte dieser Küsten-Strecke verlegt habe. Er sagt: ‚Es ist bei Plinius IV § 78 (vgl. § 44) DLX in DCX und DCXXXV in DCXXXX zu verbessern.' Wer das liest, wird glauben, dass § 44 eine Motivirung der Conjectur zu § 78 an die Hand giebt. In Wirklichkeit steht aber § 44 in gar keiner Beziehung zu § 78 und § 45, den Müllenhoff wohl citiren wollte, enthält eben die von mir beleuchtete Stelle, aus der man zwar, wenn man ohne genauere Prüfung der Lesart der Leydener Handschrift folgt, entnehmen kann, dass Agrippa die Entfernung der Ister-Mündung von Byzanz auf 612, nimmermehr aber, dass er sie auf 610 M. veranschlagte. Diese Stelle giebt also nicht eine

---

131) Plin. IV, 24, 78. Auch hier stellt Plinius der Varronischen Ziffer die des Agrippa gegenüber.

Begründung der Conjectur zu § 78, sie muss vielmehr ebenfalls erst gemassregelt werden, ehe sie sich den Speculationen Müllenhoff's fügsam erweist. Nur durch ganz willkürliche, nirgends auf handschriftliche Ueberlieferung gestützte Aenderung aller vorhandenen Zeugnisse gelangt demnach Müllenhoff zu seiner Meinung, Agrippa habe der europäischen Seite des Pontus eine Länge von 1250 Milien beigemessen. Diese Behauptung schien mir einer eingehenderen Besprechung werth, da sie das Fundament seiner weiteren Ausführungen bildet.

Er fährt fort: ‚Zweitens soll dann nach Plinius VI § 3 die viel längere Seite des Pontus nur eben so lang sein als die europäische Küste, das will sagen: Agrippa folgt nicht nur einem alten, zuerst gegen die übertriebenen Maasse Herodots u. a. im vierten Jahrhundert nach Gutdünken aufgestellten Lehrsatz, den wir bei dem sogenannten Skylax finden, sondern er wiederholte auch genau die darnach angenommenen rohen Maasse, nachdem Timosthenes und Eratosthenes längst ein weit richtigeres Verhältniss hergestellt und zur Anerkennung gebracht hatten'.

Agrippa zählte von Chalcedon zum Phasis 1000, von da zum Kimmerischen Bosporus 360, im Ganzen also 1360 m. p. Es gehört selbst bei der durch unbegründete Conjecturen zu einer ganz falschen Höhe hinaufgeschraubten Ziffer 1250 für die europäische Seite des Pontus ein beneidenswerther Muth dazu, zu behaupten, Agrippa habe beide Seiten des Pontus für gleich lang gehalten. Wenn man aber die echten Ziffern wieder in ihr Recht einsetzt, so braucht man nur die Zahlen 1195 und 1360 nebeneinander zu stellen, um diese Behauptung Müllenhoff's ihrem wahren Werthe gemäss zu würdigen.

Mehr Gewicht wird der Leser auf den ersten Blick dem wegwerfenden Urtheil über die ‚rohen Maasse' Agrippa's beilegen. Denn die runde Zahl von 1000 M. sieht freilich nicht sehr Vertrauen erweckend aus. Wer aber nach den angeblich weit richtigeren Vorstellungen des Timosthenes und Eratosthenes sich umsieht, wird eine sonderbare Ueberraschung erleben. Von den Angaben des Alexandrinischen Admirals über den Pontus wissen wir gar Nichts ausser der Versicherung Strabo's, dass die Besprechung des Pontus zu den schwächsten Partien des Timosthenischen Werkes gehörte. [132]) Von Eratosthenes haben wir allerdings eine Zahlenangabe über die Distanz zwischen der Einfahrt des Pontus und der Phasis-Mündung. Aber diese Zahl ist keine andre als — das ‚rohe Maass' des Agrippa: 8000 Stadien = 1000 Milien. Dem Eratosthenes also folgte in dieser Maassangabe Agrippa und nicht nur er sondern auch der über die Gestade seiner pontischen Heimath so wohl unterrichtete Strabo. [133])

‚Endlich drittens', schliesst Müllenhoff, ‚soll nun der Gesammtumfang des Meeres nicht etwa nach jener Berechnung 2500 m. p. oder 20000 Stadien betragen, sondern Agrippa nach Plinius IV § 77 den Umfang nur auf 2360 m. p. oder 18880 Stadien angegeben haben'. Es ist wohl kaum nöthig, nochmals darauf hinzuweisen, dass von den Elementen, aus denen sich die von Müllenhoff für den Gesammtumfang des Pontus verlangte Zahl von 2500 Milien zusammensetzt (610 + 640 + 1250) auch nicht ein einziges aus den Agrippa-Fragmenten herstammt, dass sie vielmehr sämmtlich der Phantasie Müllenhoff's ihr Dasein danken. Ganz begründet ist indess Müllenhoff's Verwunderung über die Unvereinbarkeit der Zahl für den Umfang des schwarzen Meeres mit der Summe seiner einzelnen Theile. Anzunehmen, dass wirklich schon im Original-Werke die Summe der einzelnen Zahlen mit der Gesammt-Zahl nicht im Einklange stand, das hiesse einfach dem Agrippa den gesunden Menschenverstand absprechen. Und den scheint dieser Mann doch in ausreichendem Maasse besessen zu haben. Die Summe der von mir ohne Veränderung beibehaltenen Zahlen für den Umfang des Pontus (560 + 635 + 360 + 1000) ist 2555. Da die Zahl der Hunderte ganz sicher steht — auch Müllenhoff hat trotz seiner wunderlichen Abweichungen sie nicht zu erschüttern vermocht —, ändere ich ohne Bedenken die überlieferten $\overline{XXIII}LX$ in $\overline{XXV}LX$ Milien. Nach dieser kaum zweifelhaften Verbesserung differirt' die Gesammtsumme nur um 5 M. von der Summe der einzelnen Zahlen. Wo dieser kleine Fehler liegt, ob in einer der einzelnen Zahlen oder

---

132) Strabo II, 1, 41 p. 93. In den Augen Mancher ist allerdings jeder Tadel Strabo's eine Empfehlung.

133) Strabo II, 1, 39 p. 91. 92.

in der Summe, das lässt sich nicht mit absoluter Gewissheit entscheiden. Die Erwägung, dass Agrippa, dem hier officielle Itinerare nicht zu Gebote standen, seine Maassbestimmungen kaum in zu genauen Ziffern ausgedrückt haben wird, spricht vielleicht dafür, dass die Distanz zwischen dem Ister und dem Kimmer. Bosporus von 635 auf 640 M. zu erhöhen ist. Nachdem so die Ziffern Agrippa's festgestellt sind, bleibt nur noch übrig, einige Worte über ihren Werth zu sagen.

Agrippa selbst hat gegen das Ende seines Lebens, also zu einer Zeit, in welcher seine Studien zum Entwurf einer Weltkarte sicher schon weit vorgerückt waren, den Pontus besucht, um die Verhältnisse des bosporanischen Reiches zu ordnen.[134] Es ist nicht unwahrscheinlich, dass er diese Gelegenheit benützt haben wird, über manche von den älteren Geographen verschieden dargestellte Striche der pontischen Küste an Ort und Stelle Erkundigungen einzuziehen, die ihn in den Stand setzten, solche zweifelhafte Punkte klar zu stellen. Eine Stütze für diese Vermuthung wird man vielleicht in der Thatsache finden, dass von allen alten Geographen Agrippa allein über die Länge der als Achilles-Laufbahn bezeichneten Nehrung am karkinitischen Busen eine der Wahrheit sehr nahe kommende Vorstellung hatte.[135]

Dass diese Angabe über die Länge der Achilles-Laufbahn im Werke Agrippa's so ganz isolirt, wie sie bei Plinius erscheint zwischen den allgemeinen summarischen Ziffern für die vier grossen Theile der Peripherie des Pontus gestanden haben sollte, ist kaum anzunehmen. Viel wahrscheinlicher ist es, dass sie eingefügt war in einen genauen Periplus der ganzen Küste des schwarzen Meeres. Damit aber ist die Möglichkeit völlig ausgeschlossen, dass Agrippa, unbekümmert um die neueren Resultate Alexandrinischer Forschung, zu den rohen, runden Ziffern aus dem Kindheits-Alter der Erdkunde zurückgekehrt sein sollte. Eine derartige Hypothese findet auch in den überlieferten Ziffern Agrippa's für den Umfang des Pontus durchaus keinen Anhalt. Die beim ersten Blick befremdende Erscheinung, dass Agrippa's Angabe für die Entfernung

---

134) Cass. Dio. 54, 24. (14 v. Chr.)
135) C. Neumann. Die Hellenen im Skythenlande. S. 370.

der Donau-Mündung von Byzanz bedeutend höher, die für die Distanz desselben Punktes vom kimmerischen Bosporus weit niedriger ausfällt als die Ziffern anderer Geographen, wird schon durch die Erwägung klar, dass nicht alle Geographen unter der allgemeinen Bezeichnung „ostium Istri" denselben Punkt im Mündungs-Gebiete der Donau verstanden. Beziehen wir Agrippa's Daten auf eine der nördlichsten Donau-Mündungen, so werden wir sie recht passend finden. Zwar bleibt auch dann noch Agrippa's Ziffer für die Küstenstrecke von der Donau-Mündung bis Panticapaeum sehr weit zurück hinter den Angaben der Schiffstagebücher und der anderen Quellen.[136] Aber selbst diese beträchtliche Differenz der Messungen findet ihre volle Erklärung in der eigenthümlichen Gestaltung dieser Küste.[137]

Es hing gänzlich von dem subjectiven Ermessen der einzelnen Geographen ab, ob sie den Contouren der oft sehr zerrissenen Küste mehr oder minder sich anschliessen, ob sie den damals noch frei mit dem Meere communicirenden Sasik, sowie die grossen Limans des Dnjestr, des Bug und Dnjepr als Flussmündungen ansehen und demnach übergehen oder sie als Meeresbuchten betrachten und mit in die Berechnung hineinziehen wollten. Für die Schiffstagebücher waren grade die in das Land eingreifenden Buchten und die Limans der Flüsse von grösster praktischer Bedeutung. Denn hier lagen die besten Häfen und die wichtigsten Handelsplätze. Agrippa konnte diese Rücksichten ganz ausser Acht lassen, ja er musste dies thun, wenn es ihm darauf ankam, eine exacte Vorstellung von der Gesammt-Ausdehnung und den allgemeinen Umrissen des Pontus zu gewinnen. Wer mit dieser Einsicht an eine Prüfung der Ziffer Agrippa's für die Entfernung des kimmerischen Bosporus von der Donau-Mündung geht, wird in ihr nur einen neuen Beweis von der Genauigkeit und Zuverlässigkeit der Angaben Agrippa's finden. Die Ziffer ist vollkommen richtig.

---

[136] Varro bei Plin. IV, 24, 78 $837^1/_2$ M. Noch höhere Ziffern bieten Strabo, Arrian und der anonyme Periplus des Pontus.
[137] vgl. die treffliche Schilderung C. Neumann's. Die Hellenen im Skythenlande. S. 380.

Dasselbe gilt von der Angabe Agrippa's für die Küste zwischen dem kimmerischen Bosporus und dem Phasis.

Auch gegen die 1000 Milien, welche nach Agrippa den Phasis von Chalcedon trennten, wird sich bei einer aufmerksamen Durchsicht der von Strabo uns erhaltenen einzelnen Distanz-Angaben, auf welchen diese Eratosthenische Gesammt-Ziffer beruht, kaum Etwas einwenden lassen. [138])

Der Norden des europäischen Continents.

Dim. 9. Sarmatia et Scythia Taurica finiuntur ab oriente iugis montis Tauri, ab occidente flumine Borysthene, a septentrione oceano, a meridie provincia Pontica. Quae expanduntur in long. m. p. DCCCCLXXX, in lat. qua(ntum) est cognitum, DCCCXVI.

Plin. IV, 26, 91. Sarmatiae, Scythiae, Tauricae omnisque a Borysthene amne tractus longitudo DCCCCLXXX, latitudo DCCXVI m. a M. Agrippa tradita est.

Dim. 8. Dacia et Getica finiuntur ab oriente desertis Sarmatiae, ab occidente flumine Vistula, a septentrione oceano, a meridie flumine Istro: quae patent in long. m. p. CCLXXX (decies centum m. Dicuil), in lat. ,quantum cognitum est, m. p. CCCLXXXIII (CCCLXXXVI Dicuil).

Plin. IV, 25, 81. Agrippa totum eum tractum ab Histro ad oceanum bis deciens C m. p. in longitudinem, $\overline{IV}$CCCC m. in latitudinem ad flumen Vistlam a desertis Sarmatiae prodidit.

Dim. 19. Germania, Rhaetia, ager Noricus ab oriente flumine Vistula et silva Hercynia, ab occidente flumine Rheno (codd. Aeno), a septentrione oceano, a meridie iugis Alpium (Achem codd.) et flumine Danubio. Quae panduntur in longo m. p. DCXXII (so B, 624 cod. A., 800 Dicuil), in lato m. p. CCCXXVIII (384 Dicuil).

Plin. IV, 28, 98. Agrippa (Germaniae) cum Raetia et Norico longitudinem DCXXXVI m. p., latitudinem CCXLVIII m.

Als Grenze Asiens und Europa's galt im ganzen Alterthum der Tanais. Auch auf dem von Augustus vollendeten Orbis

---

138) Strabo XII, 3, 17 p. 548. 7 p. 543. 11 p. 546. 14 p. 547.

pictus Agrippa's scheint diese vulgäre Anschauung zur Darstellung gekommen zu sein, wie sich aus der Peutinger'schen Tafel ersehen lässt. Um so interessanter ist es aus diesen Fragmenten die Ueberzeugung zu gewinnen, dass Agrippa für seine Person die Verkehrtheit der allgemeinen Annahme vollkommen einsah und darüber sich klar war, dass der Tanais keineswegs eine Scheide verschiedener Naturformen sei, sondern das ganze Flachland am Nord-Rand des schwarzen Meeres als einheitliches Gebiet aufgefasst werden müsse. Ob Agrippa recht that, die Grenze dieses Gebietes bis über den Caucasus zurückzuschieben, mag gerechten Zweifeln in unserer weiter fortgeschrittenen Anschauungsweise geographischer Verhältnisse unterliegen. Aber unbestritten war es ein gewaltiger Forschritt, mit jener alten, ganz irrigen Auffassung des Tanais als der Grenze der beiden Erdtheile zu brechen. Je dürftiger die uns überlieferten Reste des Agrippa'schen Werkes sind, um so freudiger begrüssen wir jede Spur, dass dieser Mann nicht nur ein rechnender Cartograph, sondern ein denkender Förderer der Erdkunde war.

Das ganze weite Gebiet vom Caucasus bis an den Rhein, nördlich vom Pontus und dem ganzen Laufe der Donau, war den Alten bis einige Jahre nach Agrippa's Tode fast ganz unbekannt. Kein Wunder, dass Agrippa kaum die ersten Grundzüge einer Geographie Germaniens und Sarmatiens zu entwerfen vermochte. Als Grenzlinien für die Eintheilung dieses grossen Länder-Complexes dienten ihm der Dnjepr und die bei ihm zum ersten Male in der antiken Literatur genannte Weichsel. Woher er seine Kunde über diesen Fluss geschöpft hat, vermögen wir ebensowenig zu erkennen wie Strabo, der grade deshalb, weil ihm ein Einblick in die Quellen Agrippa's nicht möglich war, dessen Nachrichten über diesen Strom ganz unbeachtet liess. Nur mit allem Vorbehalt darf man vielleicht die Vermuthung äussern, dass Agrippa bei seinem Aufenthalt im Bosporanischen Reiche die ersten, vagen Nachrichten über jenen, zum n. Ocean gehenden Fluss empfing.

Für die Dimensionen, welche Agrippa den nördlichen Ländern unseres Continents zuschrieb, liefern die verschiedenen Quellen leider nicht immer übereinstimmende Angaben. Es ist dies um so mehr zu bedauern, da hier uns jedes Mittel fehlt, aus den verschiedenenZiffern immer die richtige herauszufinden.

Wir werden von vorn herein annehmen dürfen, dass Agrippa die Ausdehnung dieses Länder-Complexes von O. nach W. annähernd richtig taxirt, die Erstreckung von S. nach N. dagegen unterschätzt haben wird. Da auch Agrippa das Caspische Meer für eine Bucht des n. Oceans hielt, können dessen Küsten von denen des Pontos nach seiner Vorstellung nicht allzu weit entfernt gewesen sein. Für die Alten lag kein Grund vor, die ihnen ganz unbekannte Ausdehnung des sarmatischen Tieflands sich als sehr gross zu denken. Die mächtigen Wassermassen der russischen Ströme sind ihnen zwar aufgefallen. Allein sie suchten die Erklärung dafür nicht in der ungeheueren Ausbreitung der Flussgebiete, sondern fingirten ihrer Vorstellung gemäss, dass die grössten Ströme von den höchsten Gebirgen kämen, im N. Sarmatiens eine gewaltige Bergkette, die Ripaeen.

Diesen Voraussetzungen entsprechen auch die einigermassen fest stehenden Zahlen für die Länge und Breite Sarmatiens (980 und 716 m.) sowie Germaniens (626—636 und 328 oder 348) vollkommen. Die Ziffern für das Gebiet zwischen Borysthenes und Vistula sind hoffnungslos verdorben.

Die britischen Inseln.

Plin. IV, 30, 102. Agrippa longitudinem (Britanniae) DCCC m. p. esse, latitudinem CCC m. credit, eandem Hiberniae, sed longitudinem CC m. minorem.

Dim. 30. Britannia in long. m. p. DCCC, in lat m. p. CCC.

Die Erklärung dieser Fragmente gab bereits Müllenhoff. Deutsche Alterthumskunde S. 383.

Die Methode Agrippa's.

Als Agrippa den Gedanken fasste, seine grosse Weltkarte zu entwerfen, konnte er keinen Augenblick darüber in Zweifel sein, dass es für ein derartiges Unternehmen nicht nur keine bessere, sondern überhaupt keine andere Grundlage gebe als die Leistungen der Alexandrinischen Geographen und Astronomen. Mochten auch die Vorstellungen des Eratosthenes, des Hipparch und ihrer Nachfolger in zahlreichen einzelnen Punkten weit auseinander gehen, so war doch eine gewisse Summe von geographischen Thatsachen durch ihre Arbeiten so hinlänglich erkannt und festgestellt, dass sie jedem neuen Versuche einer Darstellung der alten Welt zur Basis dienen konnten und mussten. Diesen sicheren Fonds wird Agrippa ohne Frage unbedenklich acceptirt haben. Schwieriger war seine Aufgabe in den Fällen, wo die frühere Forschung nur gewisse noch durch einen erheblichen Spielraum getrennte Grenzen, zwischen denen das Wahre liegen musste, festzustellen vermocht hatte. Mit Hülfe derselben Methode, aus welcher die Resultate der Alexandriner sich ergeben hatten, auf Grund von astronomischen Beobachtungen, eine eigene Ansicht zu gewinnen oder zwischen den divergirenden Meinungen der Vorgänger eine Entscheidung zu treffen, dazu war Agrippa wohl nicht der Mann. Je weniger er selbst in die astronomischen Arbeiten der Alexandriner eine klare Einsicht hatte und sie zu controlliren vermochte, desto leichter musste ihn auch Angesichts jener widersprechenden Resultate, zu welchen dieselbe Methode verschiedenen Forschern verholfen hatte, ein gewisses Misstrauen gegen die Zuverlässigkeit jener Rechnungen beschleichen und in ihm den Wunsch rege machen, die Lösung der noch vorliegenden Schwierigkeiten auf anderem Wege zu suchen. Als das sicherste musste ihm natürlich eine directe Vermessung erscheinen. Und an eine solche ‚geodätische Aufnahme‘, an eine ‚Triangulation‘ des Römischen Reiches durch Agrippa hat man lange geglaubt und glaubt noch heut die Mehrzahl der Gelehrten. Müllenhoff hat vor Kurzem noch genauer und schlagender als es früher Carl Pertz und schon Wesseling gethan, den Nachweis geführt, dass das einzige Zeugniss, auf welches diese Ansicht sich stützt, die Einleitung zum sogen. Aethicus, voll von offenbar unwahren, ungeschickt erfundenen Nachrichten ist und seine Entstehung sicher nur dem Bestreben dieses Kosmographen verdankt, dem erbärmlichen Machwerk, das er aus Julius Honorius und dem geographischen Capitel bei Orosius zusammengeflickt hatte, durch den vorgeblichen Ursprung aus einer von Caesar begonnenen, von Augustus vollendeten Reichsvermessung ein ihm durchaus nicht gebührendes Ansehen zu geben. Zwar fällt mit jener späten, mit so unverkennbarer Absichtlichkeit vorgetragenen Nachricht bei Aethicus keineswegs zugleich der allgemeine Glaube an eine Reichs-Vermessung durch Augustus und Agrippa. Aber es fehlt auch nicht an anderen Beweisen, die man gegen ihn in das Feld führen kann. Wer sollte nicht mit Befremden bemerken, dass von einer solchen Riesen-Unternehmung, von einer Anwendung der damals noch gar nicht entwickelten trigonometrischen Vermessungskunst auf dieses gewaltige Reich in den der Zeit Agrippa's am nächsten stehenden Quellen und in der erhaltenen gromatischen Literatur nicht die leiseste Erwähnung oder auch nur Andeutung sich findet?[139]) Der so oft wiederholte falsche Grundsatz, dass man aus dem Schweigen der Schriftsteller niemals Folgeruugen ziehen dürfe, ist eine recht schwache Erwiderung auf dieses Bedenken. Wenn wirklich Agrippa eine so neue Bahn für die Dimensions-Bestimmung der Länder betreten und durchmessen hätte, könnte solch ein gewaltiger Fortschritt, von einem so hervorragenden Manne gemacht, unmöglich ohne fördernden Einfluss auf die Methode der Cartographie geblieben sein. Solch ein Gedanken-Blitz wäre nicht nach kurzem Aufleuchten erloschen, um Alles wieder in alter Finsterniss zu lassen; nein, er hätte zündend das alte, auf unvollkommener Grundlage schlecht begründete Gebäude der Special-Geographie vernichtet und in dessen Flammen der wissenschaftlichen Welt ein ewiges Licht aufgesteckt, das ihr ein sicherer Leiter auf dem Wege der Triangulations-Methode geworden wäre. Doch bei Ptolemaeus finden wir nicht die leiseste Spur einer Einwirkung des grossartigen, angeblich durch Agrippa gelieferten Beispiels. Er ist ganz auf derselben Bahn wie Eratosthenes, nur etwas weiter vorgeschritten.

Nicht minder klar spricht gegen die herrschende Ansicht die Art und Weise, wie Plinius über Agrippa's Angaben geurtheilt hat. Wenn Agrippa durch eine genaue Landesvermessung über irgend welche Entfernungen zu anderen Resultaten gekommen wäre als seine Vorgänger, so wären deren Angaben damit einfach

---

139) Wie man ohne Instrumente zu genauer Messung der Winkel, ohne Fernröhre, ohne Logarithmen eine Triangulation des Römischen Reiches vornehmen oder auch nur den Gedanken dazu fassen konnte, ist mir überhaupt ein unlösbares Räthsel.

beseitigt und durch die Agrippa's ersetzt worden. Bei Plinius aber stehen die Ziffern Agrippa's denen anderer Geographen nur gleichberechtigt gegenüber. Der hieraus sich ergebende Schluss, dass Plinius, welchem Agrippa's Werk noch vollständig vorlag, seine Angaben auch nur als Resultate irgend welcher Schätzung oder Berechnung, nicht als Ergebnisse einer wirklichen Messung ansah, wird ganz überzeugend bei einem Blick auf die Worte: ‚taxavit, computavit', mit welchen er die Thätigkeit Agrippa's zu bezeichnen pflegt.[140])

Aber trotz so klarer Beweise wäre kaum eine Hoffnung auf ein baldiges Schwinden des allgemeinen Glaubens an jene Reichsvermessung vorhanden, wenn es nicht möglich wäre, positiv nachzuweisen, woher denn Agrippa wirklich seine Angaben geschöpft hat. Diese Frage nun glaube ich in den vorliegenden Studien endgültig gelöst zu haben. Es hat sich gezeigt, dass in allen Provinzen, welche schon zu Agrippa's Zeit von dem römischen Strassen-Netze umsponnen waren, die Itinerare der Strassen die Grundlage der Angaben Agrippa's bildeten. Ist man einmal zu dieser Ueberzeugung gekommen, so liegt die Unhaltbarkeit der bis heut herrschenden Ansicht klar zu Tage. Oder ist es etwa denkbar, dass Agrippa zur Bestimmung der Länge und Breite der Länder für den Entwurf seiner Karte diese Routiers mit ihren zahlreichen Umwegen verwendet hätte, wenn ihm geodätische Aufnahmen zu Gebote standen?

Wenn wir demnach kein Bedenken tragen dürfen, die Vorstellung einer Triangulation des von Rom unterworfenen Länderkreises in das Schattenreich zu verweisen, so werden wir auch in der letzten, bis auf das Aeusserste abgeschwächten und reducirten Idee einer Vermessung, in dem vereinzelt bereits auftauchenden Gedanken an eine Ausmessung der Strassen des Reiches durch Agrippa nicht viel Lebenskraft zu entdecken vermögen. Die Vermessung der einzelnen Strassen musste ohne Frage beim Bau selbst schon vollzogen werden und wurde mindestens seit der

---

140) Plin. n. h. IV. 31, 105. VI, 33, 163. 164. 38, 207. Plin. sagt nie: ‚dimensus est'. Dass Martianus Capella p. 203 diesen Ausdruck gebraucht, ist natürlich ganz gleichgültig, wiewohl Ritschl Rhein. Mus. I. 8. 483 sich darauf beruft.

Mitte des zweiten Jahrhunderts v. Chr. schon durch Aufstellung von Miliensteinen für immer markirt. Eine nachträgliche nochmalige Vermessung aller Strassen durch Agrippa war also vollkommen überflüssig. Nur die Wege, welche Agrippa selbst neu anlegte, wie die von Strabo besonders erwähnten Gallischen, werden natürlich auch unter seiner Leitung vermessen worden sein. Aber als eine Vorarbeit zu seiner Erdkarte kann man diese ihm durch seine administrativen Functionen von selbst zufallende Thätigkeit unmöglich darstellen.

Nicht einmal das Verdienst darf man für Agrippa in Anspruch nehmen, dass er zuerst durch Zusammenstellung der auf den Meilensteinen verzeichneten Entfernungen der einzelnen Orte von einander eine Uebersicht des ganzen römischen Strassen-Netzes gegeben, also die Itinerarien geschaffen habe. Denn, wenn auch positive Nachrichten über diesen Punkt fehlen, so lässt sich doch mit aller Bestimmtheit versichern, dass schon in republikanischer Zeit die Leiter des Staates eine solche Uebersicht des ganzen Strassen-Systems nicht entbehren konnten. Wie konnte man, um ein Beispiel anzuführen, die Route, welche die einzelnen Statthalter nach ihren Provinzen einzuschlagen hatten, fixiren und die Dauer ihrer Reise bestimmen, wenn man nicht Itinerare vor sich hatte, aus denen man die Länge der Tour auf das Genaueste ersehen konnte? Wie vermochte ein Statthalter, der eine ihm noch fremde Provinz betrat, sich in ihr zu orientiren, seine Zeit-Eintheilung für die Bereisung des Landes zur Abhaltung der Gerichtstage passend zu treffen und überhaupt über seine ganze Thätigkeit voraus zu disponiren, wenn er nicht im Besitze eines vollständigen Itinerares seiner Provinz war? [141] Die sichere Bewegung grosser, mehrere Strassen in Anspruch nehmender Heeresmassen nach irgend welchem entfernteren Theile des Reiches, die Vorsorge für ihre prompte Verpflegung sind durchaus undenkbar ohne Annahme eines genauen Reichs-Itinerares schon in der republikanischen Zeit. [142]

---

141) Cic. ad Att. V, 21, 9.
142) Diesem Staats-Itinerar entstammen wohl die Angaben des Polybius bei Strabo VI, 3, 10 p. 285. VII, 7, 4 p. 322/3.

Agrippa fand also sicherlich schon ein grosses Reichs-Itinerar vor, welches sich allerdings grade zur Zeit des Augustus durch die zahlreichen von diesem Kaiser zum Theil unter Agrippa's Leitung ausgeführten Strassenbauten sehr erweiterte und vervollständigte.

Haben wir nun die Methode Agrippa's, auf Itinerar-Angaben, so weit dies möglich war, eine Dimensions-Bestimmung der damals bekannten Länder zu basiren, sicher constatirt, so dürfen wir auch ein Urtheil über den Werth seines Werkes wagen.

In die Reihe jener gedankenreichen Alexandriner, welche von der Betrachtung des Kosmos ausgehend erst Grösse und Gestalt der Erde, dann ihre Breitenkreise bestimmten, um erst zuletzt in ihre Zonen die Umrisse der Länder, zum Theil wieder auf Grund astronomischer Beobachtungen, einzuzeichnen, gehört Agrippa nicht hinein. Er verfolgte grade den umgekehrten Weg. Nach den mit der Messstange des Strassenbaumeisters bestimmten Abständen einzelner Orte suchte er sich zuerst eine Anschauung von der Grösse und Gestalt eines Landes zu construiren und aus einem Agglomerat zahlreicher solcher Einzel-Vorstellungen schuf er sein Bild der οἰκουμένη, über deren Grenzen seine Betrachtung überhaupt nicht hinausgegangen zu sein scheint. Diese topographische Methode hat nicht nur neben der astronomischen ihre Berechtigung sondern musste ohne Zweifel in ihrer späteren Entwickelung diese völlig verdrängen. Allein mit so dürftigen Mitteln ausgeübt wie in den geographischen Arbeiten Agrippa's war sie mit ihr nicht entfernt concurrenzfähig. So müssen wir in Agrippa's Werk zwar keinen Rückschritt, wohl aber einen originellen Abweg von dem durch Griechische Denker ausschliesslich geförderten Entwickelungsgange der Geographie im Alterthum erblicken. Der gewaltige Unterschied zwischen einem Eratosthenes, der die Maasse der Erde in den Sternen las und einem Agrippa, der aus den Ziffern der Meilensteine berechnete, wie lang und wie breit jede römische Provinz sei, ist Nichts Anderes als der Typus des Gegensatzes des hellenischen und des römischen Geistes.

Thesen.

1. Falb's Erdbeben-Theorie ist unvereinbar mit sicher beobachteten seismischen Erscheinungen.

2. Meitzen (Topogr. Erwägungen über den Bau von Canälen in Deutschland S. 39. 40) überschätzt die Rentabilität der von ihm vorgeschlagenen Canal-Verbindung Ober-Schlesiens mit Berlin.

3. Die bei Bir um Ali unweit von Tebessa gefundene Grabschrift des Julius Dexter (Revue Africaine 1868 XII S. 61) enthält keineswegs eine Erwähnung des von Sallust b. Jug. 37 genannten Numidischen Ortes Suthul. Man hat vielmehr statt:

IN COL-SVATHELE-PIE-VIXIT zu lesen:

IN COL-SVA-THELEPTE-VIXIT.

www.ingramcontent.com/pod-product-compliance
Lightning Source LLC
Chambersburg PA
CBHW020323090426
42735CB00009B/1386